家政婦makoの

ずぼら 1分ごはん

ZUBORA-1minute recipe

世界一早い!

マガジンハウス

ずぼら1分ごはん 世界最速の理由

包丁＆まな板使いません！

包丁は使わず、手かハサミだけ。これによって準備時間を大幅削減！　洗いものも一気に少なくなります。

クイック食材で迷わない

調理の手がかからない缶詰や薄切り肉、ゆで麺、味がすぐ決まる万能調味料を活用するから、迷う時間はありません。

材料を入れるだけで9割完成!

"ずぼら１分ごはん"の基本は、「入れる」→「混ぜる」→「放置」の３ステップ。器などに材料を入れたら、ほぼ完成なのです！

すべての準備がたった60秒!!

加熱は、チンかフライパンか炊飯器の３通り。加熱している間はつきっきりにならないので、準備するのは60秒だけ!

120品 ぜ〜んぶ 1分で完成!

缶詰から出して
トースターでチンするだけ!

耐熱皿に
全部入れます!!

準備 40秒

ツナ缶といんげんのカレーグラタン

P.32

炊飯器に入れて
ボタン押すだけ!

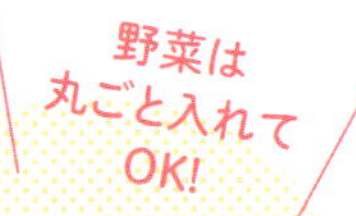

野菜は
丸ごと入れて
OK!

準備 30秒

ポトフごはん

P.101

ポリ袋を手にはめて
こねます

準備 60秒

**まるごと1分
ハンバーグ**

P.36

フライパンを
ボウル代わりにして焼くだけ!

ゆでないタイプの麺で
超時短!!

準備 40秒

ツナレモンうどん

P.53

ゆで麺に
具材をぶっかけるだけ!

袋の中で
トマトを
つぶせます

準備 45秒

**トマトの
塩レモン和え**

P.69

副菜おかずは
袋に入れるだけ! 混ぜるだけ!

準備 1分 こんな流れで作ります！

サバ缶のかんたんカレーに挑戦

準備する材料

カレールウ ……… 1/4箱（60g）

水 ……… 200ml

サバ水煮缶 ……… 2缶

しめじ（石突きは取る） ……… 1袋

1 耐熱皿にサバ缶をあける。 20秒

汁ごと入れます

2 しめじをほぐして入れる。カレールウと水も加える。 20秒

全部投入！

45秒の準備で
サバ缶のかんたんカレーが完成！

3 ふんわりラップをかけて、レンジ（600W）で７分加熱する。

ほったらかし！

4 ラップを取って、スプーンでとろみがつくまで混ぜる。 5秒

ひと混ぜ

CONTENTS

ずぼら1分ごはん 世界最速の理由 …… 2
120品 ぜ〜んぶ1分で完成! …… 4
準備1分こんな流れで作れます! …… 6
makoがおしえる ずぼら時短テク …… 12
調理が早くなる! スタメン食材 …… 14
いたってシンプル! 使う道具は3つだけ …… 16

INTRODUCTION
クタクタでも作れる! ずぼら献立1週間

月 カレー炒めプレート …… 18
火 1分ハンバーグプレート …… 20
水 さっぱりおいしい! ゆで豚定食 …… 21
木 スタミナ補給♪ エスニックごはん …… 22
金 缶詰と卵で作れる オムレツ定食 …… 23
土 1週間の おつかれさまディナー …… 24
日 ほっと和む サンマの卵とじ定食 …… 26

PART 1
60秒でいただきます! 大満足なメインおかず40

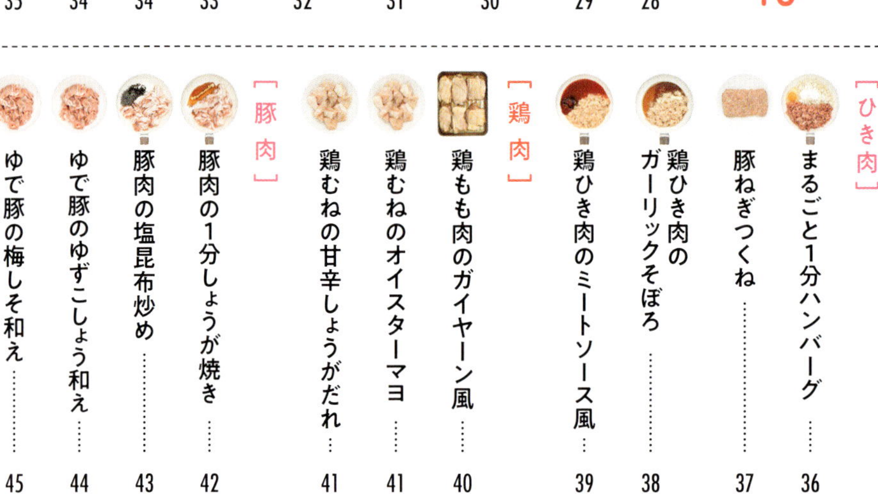

[缶詰]
サバ缶のかんたんカレー …… 28
マーボーサバ缶 …… 29
サバみそ缶の ホイコーロー風 …… 30
サバみそ缶の ケチャップ炒め風 …… 31
ツナ缶といんげんの カレーグラタン …… 32
ツナ缶ともやしの オイスター炒め …… 33
サンマ缶の卵とじ …… 34
サンマ缶のコーンマヨ焼き …… 34
コンビーフオムレツ …… 35

[ひき肉]
まるごと1分ハンバーグ …… 36
豚ねぎつくね …… 37
鶏ひき肉の ガーリックそぼろ …… 38
鶏ひき肉のミートソース風 …… 39

[鶏肉]
鶏もも肉のガイヤーン風 …… 40
鶏むねのオイスターマヨ …… 41
鶏むねの甘辛しょうがだれ …… 41

[豚肉]
豚肉の1分しょうが焼き …… 42
豚肉の塩昆布炒め …… 43
ゆで豚のゆずこしょう和え …… 44
ゆで豚の梅しそ和え …… 45

［牛肉］
牛肉のバジル炒め …… 46
牛肉のにら炒め …… 47
牛肉のカレー炒め風 …… 47

［魚介］
シーフードミックスの中華あん …… 48
鮭のスタミナだれ …… 49
白身魚のごま焼き …… 50
白身魚の梅煮 …… 51
鮭の海苔マヨ和え …… 51

ゆでないからかんたん クイック麺レシピ
豚となめたけのぶっかけうどん …… 52
ツナレモンうどん …… 53
あっさりカレーうどん …… 54
かんたん冷やし中華 …… 55
とろろ梅うどん …… 55
豚にらラーメン …… 56
かんたん納豆そば …… 57
あさりトマト冷麺 …… 58
ずぼらカルボナーラ …… 59
冷製スープパスタ風 …… 59
シーフード焼きそば …… 60
豚しょうゆ焼きうどん …… 61

COLUMN1 煮込まない！ ずぼらスープ7
海苔スープ …… 62
お麩スープ …… 63
わかめ梅スープ …… 63
納豆キムチスープ …… 64
ヤングコーンスープ …… 65
めかぶ卵スープ …… 65
にらとツナの豆乳スープ …… 66

PART 2 とにかく早いもう1品!! 超速サブおかず33

［トマト］
トマトとツナのしそサラダ …… 68
トマトのねぎ塩だれ …… 69
トマトの塩レモン和え …… 69

［きゅうり］
たたき中華きゅうり …… 70
きゅうりのからし漬け …… 71

［レタス］
レタスの塩昆布和え …… 72
レタスの海苔サラダ …… 73
レタスのにんにく炒め …… 73

［もやし］

もやしの青海苔和え……74

もやしの塩しょうが炒め……75

もやしのピリ辛ナムル……75

［スプラウト］

スプラウトのたらこ和え……76

スプラウトとカニかまのサラダ……77

スプラウトの煮浸し……77

［しいたけ］

しいたけのごまみそ炒め風……78

しいたけのうま煮……79

［にら］

かんたんにらキムチ……80

にらの納豆和え……81

［長いも］

長いものおかか和え……82

長いものなめたけ和え……83

［豆腐］

くずしあんかけ豆腐……84

たぬきやっこ……85

だし風やっこ……86

きのこ豆腐……87

なめたけやっこ……87

［おつまみ］

コンビーフマヨサラダ……88

和風梅チーズ……89

ガーリックチーズ……89

ヘルシー油揚げピザ……90

塩辛ディップ……91

キャベツのしょうが浅漬け……91

はんぺんのねぎごま和え……92

かまぼこ梅しそサンド……93

COLUMN2

忙しくてもすぐできる！ 1分朝ごはん

卵マヨサンド
＋トマトドレッシングサラダ……94

しらす青海苔ごはん
＋キャベツとハムの浅漬けサラダ……95

じゃがいもレトルトミートソース
＋ずぼらコーンスープ……96

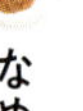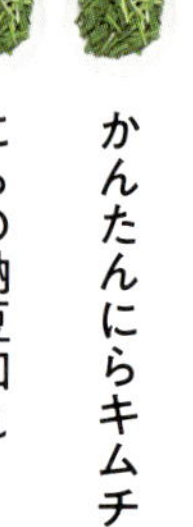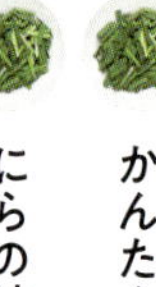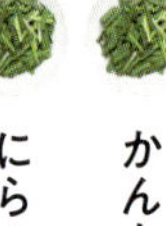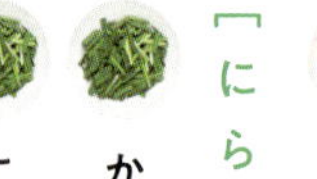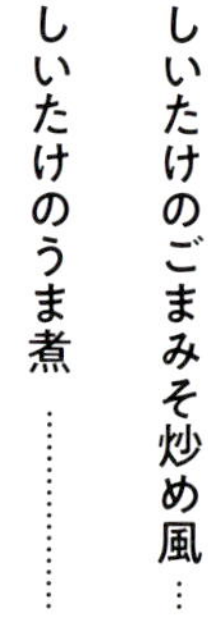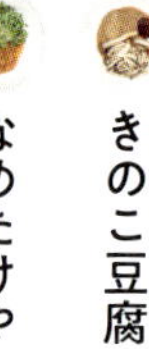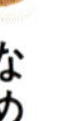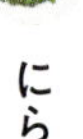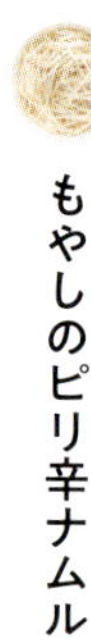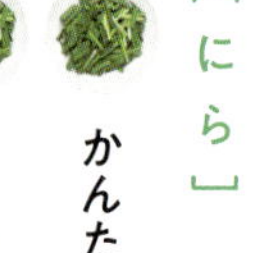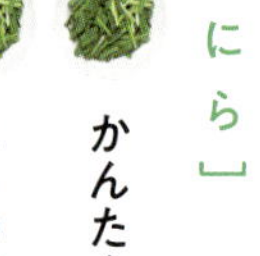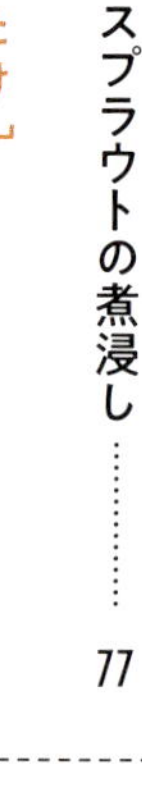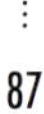

PART 3

ボタン押すだけ！ 魔法の炊飯器レシピ

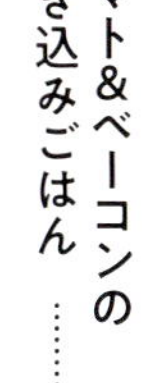
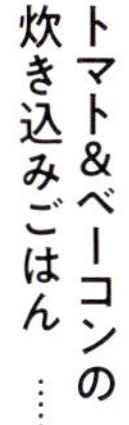
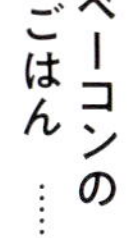

魔法の炊飯器レシピ ここがスゴい!! …… 98

［ワンプレごはん］

トマト&ベーコンの炊き込みごはん …… 100
ポトフごはん …… 101
ずぼらカオマンガイ …… 102
かんたんチキンライス …… 103
豚肉のBBQライス …… 103
ビビンパごはん …… 104
サムゲタン風炊き込みごはん …… 105
ゴロゴロ野菜の中華おこわ …… 106
豚肉としいたけのおこわ …… 107
鮭とえのきの炊き込みごはん …… 107
おでんごはん …… 108
ツナミルクライス …… 109

［ほったらかしおかず］

かんたん角煮 …… 110
ずぼら肉じゃが …… 111
お店みたいなポークカレー …… 112
鶏むね肉ときのこのクリーム煮 …… 113
鶏肉のコンフィ …… 114
チキンのトマト煮 …… 115
チキンの和風みそ煮 …… 115
具だくさん茶碗蒸し風 …… 116

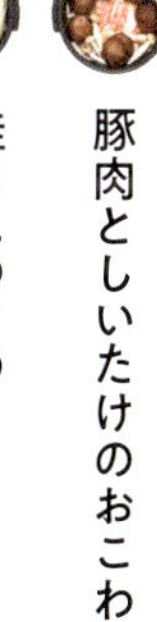

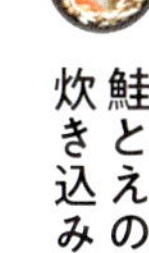

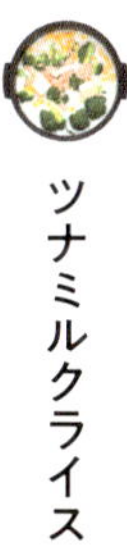
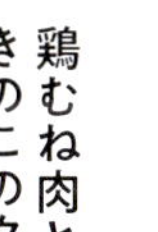
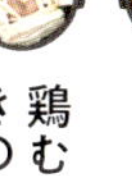

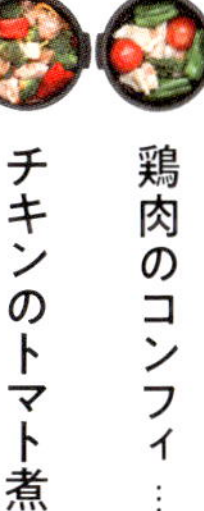

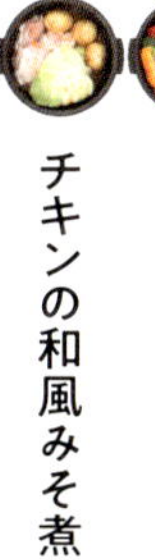
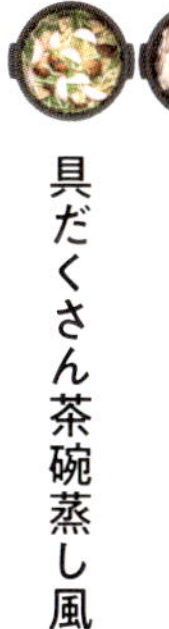

ずぼらストロガノフ …… 117
スンドゥブチゲ …… 118
豚の中華煮 …… 119

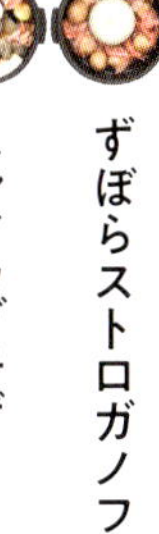
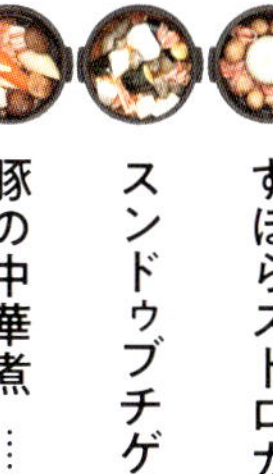
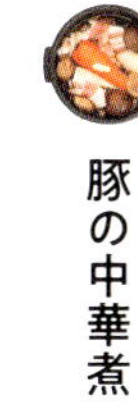

おまけ もむだけの1分スイーツ

バナナシャーベット …… 120
トマトシャーベット …… 121
生クリームスコーン …… 122
ブルーベリースコーン …… 123
クリームチーズアイス …… 123

食材別インデックス …… 124
60秒だけでできるんです！ …… 126

本書で使用したのは…

グリーンパン
ウッドビーシリーズ
フライパン
（問）☎0120-031-808
ザ・クックウェア・
カンパニー・
ジャパン株式会社
www.greenpan.jp

＊レシピに関するお問い合わせは編集部まで

1分を叶える!!

makoがおしえる ずぼら時短テク

1秒でもラクするために、効率的に時短できる
4つの基本を押さえておきましょう。

1 加熱の間にもう1品作れる

電子レンジやトースター、フライパンに材料を入れたら、仕上げの加熱はお任せ。なるべく台所に立たずに済むレシピになっています（フライパンは、目は離さないこと）。加熱の間に、副菜やスープがさっとでき上がります。

2 使うのは手かハサミだけ

包丁やまな板の出番はありません。野菜はカットされているものを選んだり、手かハサミで食べやすい大きさに切るだけです。肉は唐揚げ用、しゃぶしゃぶ用の薄切り肉やひき肉中心なので手間いらず！

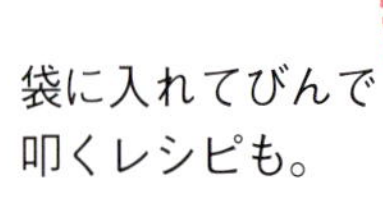

袋に入れてびんで叩くレシピも。

3 レンチンをフル活用

たとえば「ゆで豚」は、ゆでずに作ります。電子レンジに肉と酒を入れて、ふんわりラップをかけてチン。旨味や栄養も逃しません。あとは好みの味つけで和えるだけでメインおかずに！

▶P.44~

4 最初にまとめて計量でラク！

材料は、フライパンや器に全部入れてから加熱するのが基本。とくにフライパンは、途中で火加減に合わせてあわてて計量することもなく、初心者や忙しい人でも安心です。

計量で迷わない！ ずぼらポイント

チューブやマヨの目安

それぞれ○cmや大さじ表記にしています。チューブのしょうが 3cm／マヨネーズやケチャップ大さじ1は、写真の量を参考に。

ねぎも「さじ計量」

パックに入った刻みねぎがとても便利です。計量スプーンですくうだけだからさっと加えられ、料理がたちまちグレードアップ！

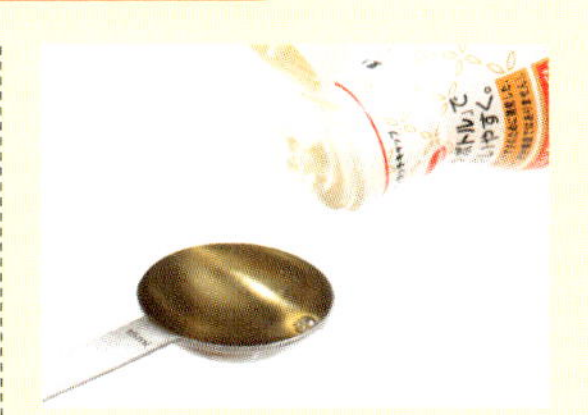

なみなみと注ぐこと

液体系の調味料を量るとき、少なめになりがち。味つけを一発で決めるために、分量は「なみなみ」「すりきり」を意識して。

ゆで麺
水でほぐすタイプ

ゆでる必要がないため、麺が気軽に使えて便利なロングセラーアイテム。夏の暑い時期はもちろん、冬も温かいつゆをかけたり、新しいレシピも紹介。 ▶P.52~

調理が早くなる!

スタメン食材

料理をスムーズに進めてくれるのはこれら。
手を抜くことなく、「面倒」をなくしてくれます。

缶詰

昨今人気のサバ缶をはじめ、ツナやコンビーフを使ったレシピも多数。まとめて買い置きができるので、買い物に行けないくらい忙しいときは頼りになります。 ▶P.28~

生野菜

「ずぼら１分ごはん」は、パパッと作れるサブおかずも提案。火を通す必要がない野菜を助っ人においしく仕上げます。

卵

肉や魚がないときも、卵＋缶詰があれば立派なメインおかずに！　また、温泉卵も冷蔵庫にあれば、満足度がぐんとアップするトッピングとして重宝します。

味が決まる 調味料

しょうゆ、砂糖、塩といった基本調味料とともに、makoが欠かせないのがこれら。味に深みを出せ、組み合わせ次第でバリエーションも無限大！「オイスターソース」＋「レモン汁」＝エスニックごはんに、「オイスターソース」＋「ごま油」＝中華おかずなどに。

いたってシンプル！

使う道具は3つだけ

準備に欠かせない、3つのアイテムを紹介します。
少ないから、省スペースで台所を使えます。

ハサミ

キッチン用の調理バサミを使用。肉、ハム、えのき、にら、スプラウト、いんげんなど、まな板ナシで切れます。

玉ねぎの芯も、刃を縦に入れると切れる！

耐熱皿

家庭にあるレンジ対応のものを使ってください。汁や調味料が多いときは深めのボウルタイプのもの、具材が多いときは平皿など、2つあると便利。

保存袋

本書では袋に入れてレンジ加熱はしないので、安価なビニール袋でOK。トマトやきゅうりなどを入れてもんだり、叩いたりします。

冷凍するときは？

ジッパー付きの冷凍保存袋を使いましょう。冷凍対応のアイコンがあるものは、材料を袋に入れて数週間保存し、解凍して食べられます。詳しくは、シリーズ書籍『ずぼら冷凍レシピ』をご覧ください。

\\ INTRODUCTION //

クタクタでも作れる!

ずぼら献立1週間

メイン＋サブおかず＋スープが、2分以内で準備完了!
朝出かける前に、器やフライパンに材料を準備したら
冷蔵庫にスタンバイ。帰宅したらチンか、炒めるだけ!!
ごはん作りに悩む暇すらありません。

カレー炒めプレート

もやしと薄切り肉を合わせてレンチン!
サラダは調味料をかけるだけ。
忙しい月曜でも、合わせて約100秒で完成する献立です。

主菜 牛肉のカレー炒め風 ▶ P.47

55秒
レンチン
主菜
+
副菜
40秒
準備と調理時間

1分ハンバーグプレート

面倒に思えるハンバーグも、フライパンでこねれば手間いらず!
焼いている間に袋でトマトを和えるだけ。
ワンプレートで盛りつければ、洗い物もお皿1枚でラクラク♪

水
WED

さっぱりおいしい！ゆで豚定食

遅く帰ってきた日は、豚肉を〝レンチンゆで〟にして、手間を省略！梅チューブとちぎったしそでさっぱりおかずに。長いもの副菜は、袋に作りおきもできます。

副菜 長いものおかか和え▶ P.82

主菜 ゆで豚の梅しそ和え▶ P.45

スープ 海苔スープ▶ P.62

スタミナ補給♪エスニックごはん

週の半ばは、お酒と一緒に晩酌ごはんに。がっつり食べごたえのあるお肉はトースターにお任せ！焼いている間に、もやしを炒めちゃいましょう。

副菜 もやしの塩しょうが炒め ▶ P.75

主菜 鶏もも肉のガイヤーン風 ▶ P.40

スープ 納豆キムチスープ ▶ P.64

準備と調理時間

缶詰と卵で作れる オムレツ定食

冷蔵庫に何もない……、買い物に行けない……。
そんな日でもおうちごはんが作れます!
買い置きしやすい缶詰と卵でできる献立の提案です。

1週間の おつかれさまディナー

がんばった日の夕飯は、作りおきにしたミートソースで
ワイン&パンにも合う一品を。
主菜はパスタと和えれば、食べごたえのある献立に!

副菜 スプラウトとカニかまのサラダ ▶ P.77

スープ ヤングコーンスープ ▶ P.65

40秒
▼炒めるだけ
主菜
副菜
40秒
準備と調理時間

主菜 鶏ひき肉のミートソース風▶P.39

ほっと和む サンマの卵とじ定食

週末は、卵とサンマ缶をレンチンするだけ。
丼にするのもオススメです！
副菜は冷蔵庫の余り物を活用してみて。

PART 1

60秒でいただきます!

大満足なメインおかず40

超速でおかずを作る秘密は、食材選び。
食べごたえのある缶詰や薄切り肉、ひき肉など、
火通りの早い食材をボリュームたっぷりに仕上げます。
また番外編として、
ひと皿で満足のクイック麺レシピも!

[アイコンマークの読み方]

調理方法

ハサミ

手だけ!

加熱方法

レンチンで!

フライパンで!

トースターで!

炊飯器で!

保存と材料費の目安

冷凍OK!

材料費

*材料費は、都内スーパーを基準に算出しています(2019年6月現在)。価格変動がありますので、およその目安としてご覧ください。

ずぼらQ. サバ缶が品切れちゃっていました……（汗）

A イワシ缶やサンマ缶、ツナ缶でもOK！

準備 45秒

ハサミ　レンチンで！　冷凍OK! 2~3週間　材料費 426円

缶詰をあけてチンするだけ！

サバ缶のかんたんカレー

材料（2～3人分）

サバ水煮缶……2缶
しめじ（石突きを除いて小房に分ける）……1袋
カレールウ……1/4箱（60g）
水……200ml

作り方

1. 耐熱皿にすべての材料を入れ、ふんわりラップをかける。

2. レンジ（600W）で7分加熱する。

3. とろみがつくまでよく混ぜる。

手だけ!　レンチンで!　冷凍OK! 2~3週間　材料費 298円

中華の人気おかずがあっという間に完成

マーボーサバ缶

材料(2~3人分)

サバ水煮缶 …… 2缶
刻みねぎ(パック)
…… 大さじ2
おろしにんにく、
しょうが(チューブ)
…… 各6cm
ごま油、みそ、みりん
…… 各大さじ1
豆板醤、片栗粉 …… 各小さじ1

作り方

1 耐熱皿にすべての材料を入れて混ぜ、ふんわりラップをかける。 40秒
2 レンジ(600W)で5分加熱する。 放置!
3 よく混ぜる。 5秒

ずぼらPoint
レンチンできたら、サバをくずしながら混ぜると、マーボー感がアップします!

手だけ!　レンジチンで!　冷凍OK! 2~3週間　材料費 386円

みそ味を生かした、ご飯がすすむおかず

サバみそ缶のホイコーロー風

材料(2~3人分)

サバみそ缶(汁をきる)
…… 2缶
ミックス野菜
(炒め物用) …… 1袋
しょうゆ、みりん、
ごま油 …… 各大さじ1

作り方

1 耐熱皿にすべての材料を入れて混ぜ、ふんわりラップをかける。

2 レンジ(600W)で5分加熱する。

ずぼらPoint

時短に心強いカット野菜は、種類が豊富♪ 彩りのよいものを選ぶとよいです。

こってり濃厚だけど大豆でヘルシー!

サバみそ缶のケチャップ炒め風

材料(2~3人分)

サバみそ缶(汁をきる)
…… 2缶
大豆水煮缶
…… 1缶(100g)
ケチャップ
…… 大さじ2
しょうゆ …… 大さじ1
オリーブオイル
…… 大さじ1

作り方

1 耐熱皿にすべての材料を入れて混ぜ、ふんわりラップをかける。 40秒

2 レンジ(600W)で5分加熱する。

ずぼらPoint
サバみそ缶の旨味とコクで、時短料理とは思えない仕上がり!ケチャップでさわやかさも。

準備 40秒

思い立ったらすぐ作れるほどかんたん

ツナ缶といんげんのカレーグラタン

材料(2~3人分)

ツナ缶(油をきる)
…… 2缶
いんげん
(ハサミで3cmに切る)
…… 8本
A 生クリーム …… 100ml
A カレー粉、しょうゆ
…… 各小さじ1/2
ピザ用チーズ …… 大さじ3

作り方

1 耐熱皿にA、いんげん、ツナ缶、チーズの順で入れる。 40秒

2 オーブントースターに入れ、10分~いんげんに火が通るまで焼く。 放置!

ずぼらPoint
生クリーム、カレー粉、しょうゆを入れたら、さっと混ぜると味が均一になります!

手だけ!　フライパンで!　冷凍OK!　材料費

2~3
週間

たっぷり食べたい、かさ増しおかず!

ツナ缶ともやしのオイスター炒め

材料(2~3人分)

ツナ缶……2缶
もやし……1袋
おろししょうが
(チューブ)……3cm
オイスターソース
……大さじ2

作り方

1 フライパンにすべての材料を入れる。

2 中火でしんなりするまで炒める。

ずぼらPoint

旨味も甘みもあるオイスターソースは万能調味料！　それだけで味が決まります。

缶詰

ほっこりやさしい時短和食に!!

サンマ缶の卵とじ

材料(2～3人分)

サンマ蒲焼き缶 …… 2缶
卵 …… 2個
三つ葉(ハサミで切る) …… 1株
めんつゆ(2倍濃縮) …… 大さじ2
水 …… 大さじ6

作り方

1. 耐熱皿にすべての材料を入れ、ふんわりラップをかける。 40秒
2. レンジ(600W)で3分～卵が好みの固さになるまで加熱する。 放置!

準備 40秒

大人も子どもも大興奮のおいしさ!

サンマ缶のコーンマヨ焼き

材料(2～3人分)

サンマ蒲焼き缶 …… 2缶
コーン缶 …… 1缶
マヨネーズ …… 大さじ3
黒こしょう …… 少々

作り方

1. 耐熱皿にコーン缶、サンマ缶の順で入れる。 30秒
2. マヨネーズをかけ、黒こしょうをふる。 10秒
3. オーブントースターに入れ、5分～焼き色がつくまで焼く。 放置!

準備 40秒

手だけ！ フライパンで！ 材料費 430円

卵がごちそうに大変身する

コンビーフオムレツ

材料（2〜3人分）

コンビーフ缶（ほぐす）
…… 1缶
卵（溶きほぐす）
…… 4個
バター …… 20g
黒こしょう …… 少々
Ⓐ しょうゆ …… 適量
Ⓐ おろしにんにく（チューブ） …… 適量

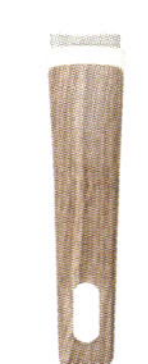

作り方

1. フライパンにⒶ以外の材料を入れる。

2. 卵が好みのかたさになるまで炒め、Ⓐをかける。

ずぼらPoint
にんにくじょうゆが効いて、ご飯のおかずにぴったり合います。ツナでもおいしい♪

ずぼらQ.‖ソースのおすすめは？

A＝ケチャップ＋中濃ソースやタバスコ、オイスターソースが合います！

準備 60秒

ハサミ　フライパンで！

冷凍OK! 2〜3週間　材料費 482円

フライパンひとつで完結させる

まるごと1分ハンバーグ

材料（2〜3人分）

合いびき肉……300g
えのき
（ハサミで細かく切る）
……1袋
卵……1個
片栗粉……大さじ1
塩、こしょう……各少々

作り方

1 フライパンにすべての材料を入れてよくこね、1.5cm厚さくらいに広げる。 60秒

2 中火で片面5分ずつ焼く。

ふっくらジューシーな食べごたえ!

豚ねぎつくね

材料(2〜3人分)

A
- 豚ひき肉……300g
- 卵……1個
- パン粉……大さじ4
- 刻みねぎ(パック)……大さじ4
- 塩、こしょう……各少々

B
- しょうゆ……大さじ1
- はちみつ……大さじ1

作り方

1. ポリ袋にAを入れてよくこねる。

2. 耐熱皿に出して四角くととのえ、ふんわりラップをかける。

3. レンジ(600W)で5分加熱する。

4. Bをぬり、食べやすい大きさに切って青ねぎ(分量外)を散らす。好みで卵黄(分量外)を添える。

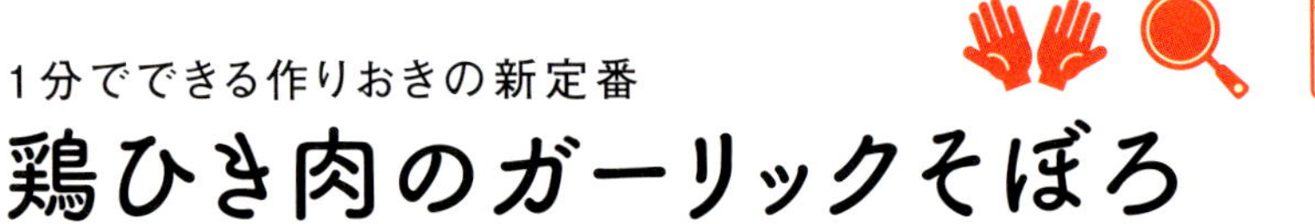

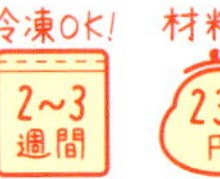

1分でできる作りおきの新定番

鶏ひき肉のガーリックそぼろ

材料(2~3人分)

鶏ひき肉……300g
おろしにんにく
(チューブ)……10cm
しょうゆ、みりん
……各大さじ2
ごま油……大さじ1

作り方

1 フライパンにすべての材料を入れる。

2 中火でポロポロになるまで炒める。

ずぼらPoint

お好みでこしょう少々をふるとスパイシー! サラダにかけてもおいしいです。

手だけ!　フライパン

冷凍OK!

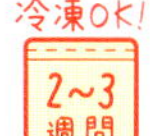

材料費

パスタやご飯、パンにマッチする万能選手!

鶏ひき肉のミートソース風

材料(2~3人分)

鶏ひき肉……300g
おろしにんにく
(チューブ)……3cm
トマトジュース
……100ml
ケチャップ、中濃ソース
……各大さじ3
しょうゆ……小さじ1
オリーブオイル……大さじ1

作り方

1 フライパンにすべての材料を入れる。

2 中火で水分が半量になるまで炒める。

ずぼらPoint
具材はお肉のみで、ご飯にもばっちり合うがっつり系ミートソースに仕上げました!!

準備 40秒

マンネリしていた鶏肉おかずの救世主!

鶏もも肉のガイヤーン風

トースターで!

冷凍OK! 2~3週間

材料費

材料(2~3人分)

鶏もも肉
(ハサミで3等分に切る)
…… 2枚(500g)

A
- オイスターソース …… 大さじ2
- しょうゆ、はちみつ …… 各大さじ1
- おろしにんにく(チューブ) …… 5cm

作り方

1. 耐熱皿に鶏肉をおき、Aをもみ込む。 40秒
2. オーブントースターに入れ、15分~火が通るまで焼く。 放置!

濃厚だれで、鶏むねの弱点を克服!

鶏むねのオイスターマヨ

材料(2~3人分)

鶏むね肉
(ハサミで一口大に切る)
…… 2枚(500g)
酒 …… 大さじ1
塩、こしょう …… 各少々
Ⓐ オイスターソース …… 大さじ2
Ⓐ マヨネーズ …… 大さじ3

作り方

1 耐熱皿にⒶ以外の材料を入れ、ふんわりラップをかける。

2 レンジ(600W)で5分加熱する。

3 2をⒶで和える。

さっぱりヘルシーな優秀おかず

鶏むねの甘辛しょうがだれ

材料(2~3人分)

鶏むね肉
(ハサミで一口大に切る)
…… 2枚(500g)
酒 …… 大さじ1
塩、こしょう …… 各少々
Ⓐ しょうゆ、はちみつ、酢 …… 各大さじ2
Ⓐ おろししょうが(チューブ) …… 6cm

作り方

1 耐熱皿にⒶ以外の材料を入れ、ふんわりラップをかける。 40秒

2 レンジ(600W)で5分加熱する。 放置!

3 2をⒶで和える。

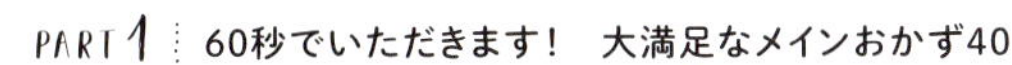

愛されおかずを世界一早く作る!

豚肉の1分しょうが焼き

材料(2~3人分)

豚バラ薄切り肉
……300g
おろししょうが
(チューブ)……10cm
しょうゆ、みりん
……各大さじ2
砂糖……大さじ1

作り方

1 フライパンにすべての材料を入れる。 30秒
2 中火で火が通るまで炒める。

手だけ! フライパンで!

冷凍OK! 2~3週間

材料費 384円

手だけ！ フライパンで！ 冷凍OK！ 材料費

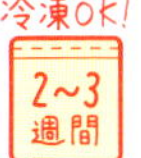

豚と昆布のWの旨味が出会う！

豚肉の塩昆布炒め

材料（2〜3人分）

豚バラ薄切り肉
…… 300g
塩昆布
…… 大さじ3（20g）
酒 …… 大さじ1
白ごま …… 大さじ1

作り方

1 フライパンに白ごま以外のすべての材料を入れる。 30秒
2 中火で火が通るまで炒める。
3 白ごまをふる。

ずぼらPoint
塩昆布は調味料としても優秀。キャベツやきゅうりだけでなく、炒め物にもオススメ！

手だけ！ レンチンで！ 冷凍OK！ 2〜3週間 材料費 414円

ピリッとした辛味が鼻に抜ける

ゆで豚のゆずこしょう和え

材料(2〜3人分)

豚薄切り肉（しゃぶしゃぶ用） …… 300g
酒 …… 大さじ1
Ⓐ ゆずこしょう …… 小さじ2
Ⓐ しょうゆ、砂糖 …… 各小さじ1
Ⓐ 刻み青ねぎ（パック）…… 大さじ3

作り方

1. 耐熱皿にⒶ以外の材料を入れ、ふんわりラップをかける。
2. レンジ（600W）で4分加熱する。
3. 2をⒶで和える。

ずぼらPoint
チンの間にⒶを準備して、ご飯などをよそっておきましょう。

梅の酸味で食欲がそそる!

ゆで豚の梅しそ和え

材料(2~3人分)

豚薄切り肉（しゃぶしゃぶ用） …… 300g
酒 …… 大さじ1
A
- 梅肉（チューブ） …… 大さじ1
- しょうゆ、砂糖 …… 各大さじ1/2
- しそ（手でちぎる） …… 8枚

作り方

1. 耐熱皿にA以外の材料を入れ、ふんわりラップをかける。 30秒
2. レンジ(600W)で4分加熱する。

3. 2をAで和える。 15秒

一度は試してほしい炒めもの

牛肉のバジル炒め

材料(2~3人分)

牛こま切れ肉 …… 300g
しょうゆ、みりん、
オイスターソース
…… 各大さじ1
こしょう …… 少々
ごま油 …… 大さじ1
バジル(ちぎる) …… 1パック

作り方

1 フライパンにバジル以外のすべての材料を入れる。 30秒
2 中火で火が通るまで炒める。
3 バジルを入れて、さっと混ぜる。 10秒

手だけ! フライパンで!

冷凍OK! 2~3週間

ハサミ　フライパンで!　冷凍OK!　材料費

2~3週間　428円

一口食べれば元気をもらえる

牛肉のにら炒め

材料(2~3人分)

牛こま切れ肉 …… 200g
にら(ハサミで切る)
…… 1束
めんつゆ(2倍濃縮)
…… 大さじ2
塩、こしょう …… 各少々
ごま油 …… 大さじ1

作り方

1 フライパンにすべての材料を入れる。 40秒
2 中火で火が通るまで炒める。

準備 55秒

手だけ!　レンチンで!　冷凍OK!　材料費

2~3週間　368円

レンチンでかんたん!

牛肉のカレー炒め風

材料(2~3人分)

Ⓐ
もやし …… 1袋
片栗粉 …… 大さじ1/2
塩、こしょう
…… 各少々

Ⓑ
牛こま切れ肉
…… 200g
ケチャップ …… 大さじ2
オイスターソース …… 大さじ1
カレー粉 …… 大さじ1/2

作り方

1 耐熱皿にⒶを入れて混ぜ、Ⓑをのせてふんわりラップをかける。 50秒
2 レンジ(600W)で6分加熱する。 放置!
3 よく混ぜる。 5秒

冷凍とは思えない満足感!!

シーフードミックスの中華あん

材料(2~3人分)

シーフードミックス(冷凍)
…… 150g
豆苗(ハサミで3等分に切る)
…… 1袋
おろししょうが(チューブ)
…… 3cm
めんつゆ(2倍濃縮)…… 大さじ6
水 …… 大さじ3
片栗粉、ごま油 …… 各大さじ1

作り方

1 耐熱皿にすべての材料を入れ、ふんわりラップをかける。 40秒

2 レンジ(600W)で5分加熱する。

準備 30秒

切り身魚は焼くだけではありません……!

鮭のスタミナだれ

材料(2~3人分)

鮭(ハサミで一口大に切る)
…… 2切れ
にら(ハサミで切る)
…… 1/4束
焼き肉のたれ
…… 大さじ2

作り方

1 耐熱皿にすべての材料を入れて混ぜる。

2 レンジ(600W)で4分加熱する。

ずぼらPoint
このレシピは、ラップしないでチン! にらの水分がほどよく飛びます。

手だけ！ トースターで！ 冷凍OK！ 2~3週間 材料費 298円

トースターに入れたら手がかからない！

白身魚のごま焼き

材料（2〜3人分）

白身魚（さわら、たらなど）
…… 2切れ

A
- みそ …… 大さじ1
- マヨネーズ …… 大さじ1
- 白ごま …… 大さじ1

作り方

1. トレーに魚をのせ、Aを混ぜてのせる。 40秒
2. オーブントースターに入れ、8分〜火が通るまで焼く。

ずぼらPoint
焦げそうになったら、上からアルミホイルをかけましょう。

梅干しがいい仕事をする!

白身魚の梅煮

材料(2~3人分)

白身魚(さわら、たらなど)
…… 2切れ
めんつゆ(2倍濃縮)
…… 大さじ3
水 …… 大さじ3
梅干し …… 2個
刻みねぎ(パック) …… 大さじ1

作り方

1. 耐熱皿にすべての材料を入れ、ふんわりラップをかける。 40秒
2. レンジ(600W)で5分加熱する。 放置!

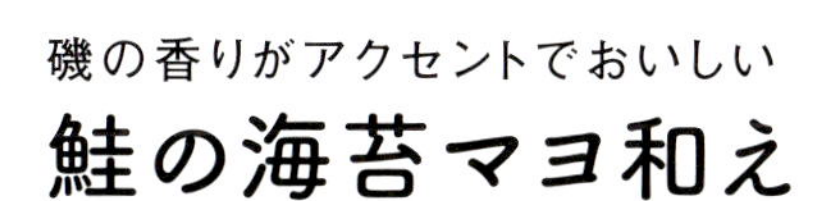

磯の香りがアクセントでおいしい

鮭の海苔マヨ和え

材料(2~3人分)

鮭
(ハサミで一口大に切る)
…… 2切れ
塩、こしょう …… 各少々
A マヨネーズ …… 大さじ1
A 青海苔、しょうゆ
…… 各小さじ1

準備 40秒

作り方

1. トレーに魚をのせ、塩、こしょうをふる。 30秒
2. オーブントースターに入れ、6分~火が通るまで焼く。 放置!
3. 2をAで和える。 10秒

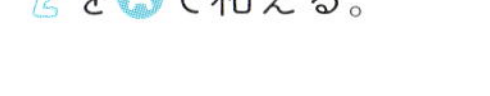

ゆでないからかんたん
クイック麺レシピ

なめたけが豚肉のソース代わり!

豚となめたけのぶっかけうどん

材料(2人分)

ゆでうどん（水でほぐすタイプ） …… 2玉
なめたけ …… 1/2瓶
豚こま切れ肉（薄いもの） …… 150g
刻みねぎ（パック） …… 大さじ2
そうめんつゆ（ストレート） …… 200ml

作り方

1 フライパンに豚肉を入れ、火が通るまで炒める。 40秒
2 器にすべての材料と1を盛り、つゆをかける。 20秒

ずぼらPoint
ゆで麺は、水でほぐすだけですぐ食べられるので忙しいときに大活躍！ そば、うどん、中華麺などタイプも増えています。

やる気がない日でも瞬時に完成

ツナレモンうどん

ゆでうどん(水でほぐすタイプ) …… 2玉
ツナ缶 …… 2缶
ベビーリーフ …… 1袋
レモン汁 …… 大さじ2
こしょう …… 少々
そうめんつゆ(ストレート) …… 200ml

作り方

器にすべての材料を盛り、つゆをかける。

準備
60
秒

世界一かんたん!? 1分でできる

あっさりカレーうどん

材料（2人分）

ゆでうどん（水でほぐすタイプ） …… 2玉
ツナ缶 …… 2缶
A にら（ハサミで切る）…… 1/2束
A カレー粉 …… 大さじ1
A そばつゆ（ストレート）…… 300ml

作り方

1. フライパンにAを入れ、温める。

2. 器にA以外の材料を盛り、1をかける。

家にあるものでチャチャッと作れる

かんたん冷やし中華

準備 50秒

材料(2人分)

ゆで中華麺(水でほぐすタイプ)
…… 2玉
ハム(ハサミで切る)…… 1枚
コーン缶 …… 1/2缶
ミニトマト …… 4個
貝割れ菜(ハサミで切る)
…… 1パック
メンマ …… 少々
Ⓐ そうめんつゆ(ストレート)
…… 200ml
Ⓐ 酢 …… 大さじ2
Ⓐ ごま油 …… 大さじ1

作り方

1. 器にⒶ以外のすべての材料を盛る。 40秒
2. Ⓐを混ぜ、1にかける。 10秒

忙しい夏のお昼はコレに決まり!

とろろ梅うどん

材料(2人分)

ゆでうどん(水でほぐすタイプ) …… 2玉
サラダチキン(手で割く)…… 1袋
とろろ昆布 …… 2つかみ
梅干し …… 2個
刻み青ねぎ(パック)…… 大さじ2
そばつゆ(ストレート)…… 300ml

作り方

器にすべての材料を盛り、つゆをかける。 

準備 40秒

豚肉とにらの相性は抜群!!

豚にらラーメン

ハサミ

フライパンで!

材料(2人分)

ゆで中華麺(水でほぐすタイプ) …… 2玉
豚こま切れ肉(薄いもの) …… 150g
A
にら(ハサミで切る) …… 1/2束
ごま油 …… 大さじ2
そばつゆ(ストレート) …… 300ml

準備 60秒

作り方

1 フライパンに豚肉を入れ、火が通るまで炒めて取り出す。 40秒

2 1のフライパンにAを入れ、温める。 10秒

3 器に麺と1を盛り、2をかける。

準備 40秒

よ～く混ぜてめし上がれ

かんたん納豆そば

手だけ！ 材料費 316円

材料(2人分)

ゆでそば(水でほぐすタイプ) …… 2玉
納豆(混ぜる) …… 2パック
刻みねぎ(パック) …… 大さじ2
温泉卵 …… 2個
そばつゆ(ストレート) …… 300ml

作り方

器にすべての材料を盛り、つゆをかける。

40秒

準備
55秒

あたらしい洋風な麺レシピ

あさりトマト冷麺

材料(2人分)

ゆで中華麺(水でほぐすタイプ) …… 2玉
あさり缶 …… 1缶(120g)
しそ(手でちぎる)…… 6枚
ミニトマト …… 12個
A
トマトジュース …… 100ml
そうめんつゆ(ストレート)…… 150ml
イタリアンドレッシング …… 大さじ3

作り方

1. 器にA以外のすべての材料を盛る(あさり缶の汁はAに入れる)。 40秒
2. Aを混ぜ、1にかける。 15秒

人気のパスタが混ぜるだけ！

ずぼらカルボナーラ

準備 55秒

材料(2人分)

ゆで中華麺(水でほぐすタイプ) …… 2玉
生ハム …… 6枚
温泉卵 …… 2個
A
- 生クリーム …… 100ml
- 粉チーズ …… 大さじ4
- オリーブオイル …… 小さじ1
- 塩、こしょう …… 各少々

作り方

1. 器に麺を入れ、Aで和える。 45秒
2. 1に生ハム、温泉卵をのせる。 10秒

材料費 488円

乳製品なしでもまろやかに♪

冷製スープパスタ風

材料(2人分)

ゆで中華麺(水でほぐすタイプ) …… 2玉
コーン缶 …… 1缶
ハム(ハサミで切る) …… 4枚
パセリ(切る) …… 大さじ1
A
- 豆乳 …… 300ml
- 白だし …… 大さじ4
- オリーブオイル …… 大さじ1
- こしょう …… 少々

作り方

1. 器にA以外のすべての材料を盛る。 40秒
2. Aを混ぜ、1にかける。 10秒

ほぐしやすいからすぐ炒められる!

シーフード焼きそば

ハサミ　フライパンで!　材料費

材料(2人分)

ゆで中華麺(水でほぐすタイプ)…… 2玉

Ⓐ
- シーフードミックス(解凍したもの)…… 150g
- にら(ハサミで切る)…… 1/2束
- 紅しょうが…… 大さじ1/2
- ごま油…… 大さじ1
- 焼き肉のたれ…… 大さじ4

作り方

1. フライパンにⒶを入れ、炒める。

2. 1に麺を入れて、さっと炒める。

準備
60
秒

具だくさんでお腹いっぱい!

豚しょうゆ焼きうどん

手だけ! フライパンで!

材料(2人分)

ゆでうどん(水でほぐすタイプ) …… 2玉
- 豚こま切れ肉(薄いもの) …… 150g
- ミックス野菜(炒め物用) …… 1/2袋

Ⓐ
- しょうゆ …… 大さじ2
- みりん …… 大さじ2
- ごま油 …… 大さじ1

作り方

1. フライパンにⒶを入れ、炒める。 50秒
2. 1に麺を入れて、さっと炒める。好みでかつお節をかける。

COLUMN 1

煮込まない!
ずぼらスープ 7

材料をカップに入れたら、湯を注ぐだけ! 鍋も使わない!
インスタントみたいに簡単にできる超お手軽レシピです。

材料はたった3つだけ!

海苔スープ

材料(1人分)

味付け海苔(一口大にちぎる)
…… 1袋
刻みねぎ(パック)
…… 大さじ1/2
白だし …… 大さじ1

作り方

器にすべての材料を入れ、熱湯を150ml(分量外)注ぐ。

お吸い物風がかんたん

お麸スープ

材料（1人分）

麸（小さいもの）…… 5個
三つ葉（手でちぎる）…… 適量
白だし …… 大さじ1
しょうゆ …… 小さじ1/2

作り方

器にすべての材料を入れ、熱湯を150ml（分量外）注ぐ。

ホッとする和の味

わかめ梅スープ

材料（1人分）

わかめ（乾燥）…… 小さじ1
梅干し …… 1個
白だし …… 大さじ1

作り方

器にすべての材料を入れ、熱湯を150ml（分量外）注ぐ。

ご飯にも合うおかずスープ!

納豆キムチスープ

材料(1人分)

キムチ …… 20g(大さじ2)
納豆(たれも入れて混ぜる)
…… 1/2パック
めんつゆ …… 大さじ1

作り方

器にすべての材料を入れ、熱湯を150ml(分量外)注ぐ。

洋風の食卓にマッチ

ヤングコーンスープ

材料(1人分)

ヤングコーン
(水煮・ハサミで切る)…… 2本
パセリ(手でちぎる)…… 適量
コンソメ(顆粒)…… 小さじ1
塩、こしょう …… 各少々

作り方

器にすべての材料を入れ、熱湯を150ml
(分量外)注ぐ。

シャキシャキがクセになる!!

めかぶ卵スープ

材料(1人分)

めかぶ …… 1/2パック
温泉卵 …… 1個
刻み青ねぎ(パック)…… 小さじ1/2
めんつゆ(2倍濃縮)…… 大さじ1

作り方

器に温泉卵以外のすべての材料を入れ、
熱湯を150ml(分量外)注ぐ。卵を落とす。

朝食のおともにもおすすめ!

にらとツナの豆乳スープ

材料(1人分)

にら(ハサミで切る)
…… 2本
ツナ缶 …… 1/2缶
コンソメ(顆粒)
…… 小さじ1

作り方

器にすべての材料を入れ、レンジで2分温めた(突沸に注意)豆乳を150ml(分量外)注ぐ。

PART 2

とにかく早いもう1品!!

超速 サブおかず33

野菜の下ゆでや塩もみなしで、ほぼ混ぜるだけ!
器や袋に入れてすぐ出せる、副菜サブおかず33品。
食卓の彩りや栄養バランスもアップ!
大人のおつまみ、
財布にやさしい豆腐レシピも重宝します。

[アイコンマークの読み方]

調理方法

ハサミ

手だけ!

加熱方法

レンチンで!

フライパンで!

トースターで!

炊飯器で!

保存と材料費の目安

冷凍OK!

材料費

*材料費は、都内スーパーを基準に算出しています（2019年6月現在）。価格変動がありますので、およその目安としてご覧ください。

ハサミ　材料費 377円

ツナの旨味で箸がすすむ

トマトとツナのしそサラダ

材料（2～3人分）

トマト
（ハサミでざく切り）
…… 中2個
ツナ缶 …… 1缶
しそ（手でちぎる）
…… 6枚
しょうゆ …… 小さじ2
酢 …… 小さじ1
塩、こしょう …… 各少々

作り方

器にすべての材料を入れ、よく混ぜる。

おつまみにも合う、中華な味わい

トマトのねぎ塩だれ

材料(2~3人分)

トマト
(ハサミでざく切り)
…… 中2個
刻みねぎ(パック)
…… 大さじ4
おろしにんにく(チューブ)
…… 3cm
鶏がらスープの素、酢
…… 各小さじ1
塩 …… 少々
ごま油 …… 大さじ1

作り方

器にすべての材料を入れ、よく混ぜる。

袋に入れたら瞬速でできる!

トマトの塩レモン和え

材料(2~3人分)

トマト
(袋に入れてつぶす)
…… 中2個
レモン汁 …… 小さじ2
鶏がらスープの素
…… 小さじ1
塩、こしょう …… 各少々
オリーブオイル …… 小さじ1

準備 45 秒

作り方

袋にすべての材料を入れて混ぜ、器に盛る。

ボウルに入れずに作れちゃう

たたき中華きゅうり

材料(2〜3人分)

きゅうり
(袋に入れて叩く)
…… 2本
刻みねぎ(パック)
…… 大さじ2
おろしにんにく(チューブ)
…… 6cm
鶏がらスープの素 …… 小さじ1
しょうゆ …… 小さじ1
ごま油 …… 大さじ1

作り方

袋にすべての材料を入れて混ぜ、器に盛る。

手だけ!　材料費 118円

マイルドな辛味が後をひく!

きゅうりのからし漬け

きゅうり（袋に入れて叩く） …… 2本
からし（チューブ）…… 6cm
しょうゆ …… 小さじ2
砂糖 …… 小さじ1
塩 …… 少々

作り方

袋にすべての材料を入れて混ぜ、器に盛る。（45秒）

ずぼらPoint

袋に入れて作りおきにしても。冷蔵庫で半日～ひと晩おくともっとおいしい！

手だけ！ 材料費 44円

意外な組み合わせでシャキウマ!!

レタスの塩昆布和え

材料(2〜3人分)

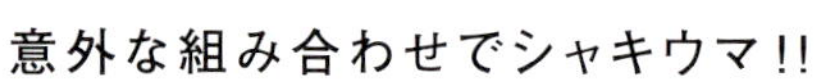

レタス
（食べやすくちぎる）
…… 3枚
塩昆布 …… 大さじ1
白ごま、ごま油
…… 各小さじ1

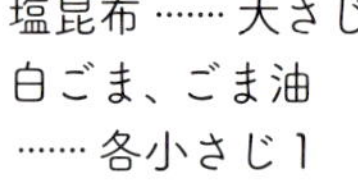

作り方

器にすべての材料を入れ、よく混ぜる。 40秒

材料費 39円

かんたんすぎて、もりもり食べたい

レタスの海苔サラダ

材料(2～3人分)

レタス（食べやすくちぎる）
…… 3枚
白だし、酢、ごま油
…… 各小さじ2
刻み海苔 …… 2つまみ

作り方

器に刻み海苔以外の材料を入れ、よく混ぜる。食べる直前に海苔をのせる。

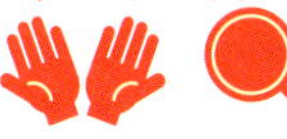

2～3週間

主菜に負けないガツンとした副菜

レタスのにんにく炒め

材料(2～3人分)

レタス（食べやすくちぎる）
…… 3枚
おろしにんにく（チューブ）
…… 6cm
オイスターソース、
しょうゆ、ごま油
…… 各小さじ1

作り方

1 フライパンにすべての材料を入れる。 15秒

2 中火でさっと炒める。

もやし

手だけ!　レンジンで!　材料費 28円

やさしい箸休めに最適な一品

もやしの青海苔和え

材料(2~3人分)

もやし……1袋

Ⓐ
青海苔、
めんつゆ(2倍濃縮)
……各大さじ2

作り方

1 耐熱皿にもやしを入れ、ふんわりラップをかける。

2 レンジ(600W)で2分加熱する。

3 Ⓐで和える。

ずぼらPoint
もやしから水気が出た場合は、キッチンペーパーに吸わせると味が薄まりません!

ご飯のおかずとしても優秀!!

もやしの塩しょうが炒め

材料(2〜3人分)

もやし……1袋
おろししょうが(チューブ)……6cm
ごま油……大さじ1
鶏がらスープの素……小さじ2
こしょう……少々

作り方

1 フライパンにすべての材料を入れる。 

2 中火でさっと炒める。 30秒

やみつきになること間違いなし!

もやしのピリ辛ナムル

材料(2〜3人分)

もやし……1袋

Ⓐ
白ごま、ごま油……各大さじ1
鶏がらスープの素、しょうゆ……各小さじ1
豆板醤……小さじ1/2
おろしにんにく(チューブ)……3cm

作り方

1 耐熱皿にもやしを入れ、ふんわりラップをかける。 

2 レンジ(600W)で2分加熱する。 放置!
3 Ⓐで和える。 

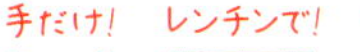

ハサミ　材料費 327円

サラチキでボリュームもアップ!

スプラウトのたらこ和え

材料(2〜3人分)

スプラウト
(ハサミで切る)
…… 2パック
サラダチキン
…… 1/2袋
たらこ …… 1腹
イタリアンドレッシング
…… 小さじ1

作り方

器にすべての材料を入れ、よく混ぜる。

野菜が苦手な子どももパクパク

スプラウトと カニかまのサラダ

材料(2〜3人分)

スプラウト (ハサミで切る)
…… 2パック
カニかま(手で割く)
…… 8本
マヨネーズ …… 大さじ1
酢 …… 小さじ1
塩、こしょう …… 各少々

作り方

器にすべての材料を入れ、よく混ぜる。 40秒

だしがほわんと香る、上品な味わい

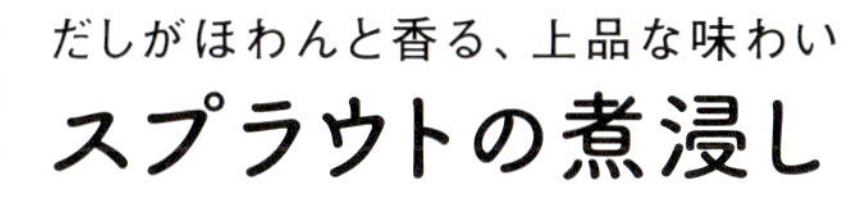

スプラウトの煮浸し

準備 30秒

材料(2〜3人分)

スプラウト (ハサミで切る)
…… 2パック
油揚げ(ハサミで切る)
…… 1枚
白だし …… 大さじ1
水 …… 100ml

作り方

1 耐熱皿にすべての材料を入れ、ふんわりラップをかける。 30秒
2 レンジ(600W)で3分加熱する。

甘辛味が大人気! お弁当のおかずにも

しいたけのごまみそ炒め風

材料(2~3人分)

しいたけ(手で割く)
…… 1パック(6枚)
白ごま、みそ、
みりん、ごま油
…… 各大さじ1/2

作り方

1 耐熱皿にすべての材料を入れて混ぜ、ふんわりラップをかける。

2 レンジ(600W)で3分加熱する。

レンチンとは信じがたい本格派

しいたけのうま煮

材料(2~3人分)

しいたけ(軸と分ける)
…… 1パック(6枚)
砂糖、しょうゆ、みりん
…… 各大さじ1/2
水 …… 50ml

作り方

1 耐熱皿にすべての材料を入れ、ふんわりラップをかける。

2 レンジ(600W)で3分加熱する。

スタミナおかずの代名詞!

かんたんにらキムチ

材料(2~3人分)

にら(ハサミで切る)
…… 1束

Ⓐ
- キムチ …… 60g
- ごま油 …… 大さじ1
- オイスターソース、白ごま …… 各大さじ1/2

作り方

1. 耐熱皿ににらを入れ、ふんわりラップをかける。 20秒
2. レンジ(600W)で1分加熱する。

3. 2をⒶで和える。

納豆のあたらしい食べ方の提案

にらの納豆和え

材料(2~3人分)

にら(ハサミで切る)
…… 1束

A
- 納豆 …… 1パック
- めんつゆ(2倍濃縮) …… 大さじ1・1/2
- 砂糖 …… 小さじ1

作り方

1. 耐熱皿ににらを入れ、ふんわりラップをかける。
2. レンジ(600W)で1分加熱する。
3. 2をAで和える。

放置!

ホクッとした長いもの魅力を堪能

長いものおかか和え

材料(2~3人分)

長いも
(袋に入れて叩く)
…… 10cm
かつお節 …… 小2袋
しょうゆ …… 大さじ1
砂糖 …… 小さじ1

作り方

袋にすべての材料を入れて混ぜ、器に盛る。

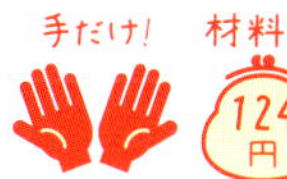

2つのねばりを生かした一品

長いものなめたけ和え

材料(2〜3人分)

長いも
(袋に入れて叩く)
…… 10cm
なめたけ …… 1/2瓶
酢、しょうゆ
…… 各小さじ1/2

作り方

袋にすべての材料を入れて混ぜ、器に盛る。 45秒

準備 40秒

手だけ! レンチンで!

材料費 90円

かんたんなのに驚かれる!

くずしあんかけ豆腐

材料(2〜3人分)

豆腐(スプーンでくずす)
…… 小2パック(150g×2)

Ⓐ
- めんつゆ(2倍濃縮) …… 大さじ3
- 水 …… 大さじ1
- 片栗粉 …… 小さじ1
- ごま油 …… 大さじ1/2

刻み海苔 …… 2つまみ

作り方

1. 耐熱皿にⒶを入れて混ぜる。

2. レンジ(600W)で50秒加熱する。

3. 2を豆腐にかけ、刻み海苔をのせる。

揚げ玉の旨味がじゅわっと広がる

たぬきやっこ

材料(2～3人分)

豆腐
……小2パック(150g×2)

Ⓐ
- 揚げ玉……大さじ2
- 刻み青ねぎ(パック)……大さじ2
- めんつゆ(2倍濃縮)……大さじ2

作り方

器に豆腐をのせ、Ⓐをかける。

夏の郷土料理を手軽に再現!

だし風やっこ

材料(2〜3人分)

豆腐
…… 小2パック(150g×2)
きゅうり
(袋に入れて叩く)…… 1/2本
しそ(手でちぎる)…… 2枚
とろろ昆布 …… 2つかみ
刻み白ねぎ(パック)
…… 大さじ1
おろししょうが(チューブ)
…… 6cm
めんつゆ(2倍濃縮)…… 大さじ1
酢 …… 小さじ1

作り方

器に豆腐以外のすべての材料を入れて混ぜ、豆腐にかける。

ぷりっとしたきのこの旨味がベストマッチ

きのこ豆腐

材料(2〜3人分)

豆腐
…… 小2パック(150g×2)

Ⓐ
しめじ(ほぐす) …… 1/2袋
白ごま、しょうゆ …… 各大さじ1
オイスターソース …… 小さじ1

作り方

1 耐熱皿にしめじを入れ、ふんわりラップをかける。 
2 レンジ(600W)で50秒加熱する。 放置!
3 2にⒶを入れて混ぜ、豆腐にかける。 

準備 55秒

手だけ! レンチンで! 材料費

豆腐がうれしい一品に変身!

なめたけやっこ

材料(2〜3人分)

豆腐
…… 小2パック(150g×2)
なめたけ …… 1/2瓶
貝割れ菜(ハサミで切る) …… 1/2パック
めんつゆ(2倍濃縮) …… 大さじ1

作り方

器に豆腐以外のすべての材料を入れて混ぜ、豆腐にかける。 

準備 40秒

ハサミ 材料費 139円

そのままでも、パンにのせても◎

コンビーフマヨサラダ

材料(2〜3人分)

コンビーフ …… 1缶
キャベツ
(せん切り・サラダ用)
…… 1袋
マヨネーズ …… 大さじ2
こしょう …… 少々

作り方

器にすべての材料を入れ、よく混ぜる。

日本酒や和の献立にぴったり

和風梅チーズ

材料(2〜3人分)

クリームチーズ……100g
刻み青ねぎ(パック)
……大さじ4
梅(チューブ)
……10cm
かつお節……小1袋

作り方

器にすべての材料を入れ、よく混ぜる。

混ぜるだけなのに超おいしい!

ガーリックチーズ

材料(2〜3人分)

クリームチーズ……100g
パセリ(ハサミで切る)
……大さじ1
おろしにんにく(チューブ)
……10cm
こしょう……少々

作り方

器にすべての材料を入れ、よく混ぜる。

準備
40
秒

手だけ! トースターで! 材料費 168円

罪悪感ほぼゼロの人気者!

ヘルシー油揚げピザ

材料(2～3人分)

油揚げ……2枚

Ⓐ
- ピザソース……大さじ2
- 刻み青ねぎ(パック)……大さじ4
- ピザ用チーズ……大さじ4

作り方

1 トレーに油揚げをおき、Ⓐをのせる。

2 オーブントースターに入れ、5分～火が通るまで焼く。

塩気と旨味の利いた大人おつまみ

塩辛ディップ

材料(2~3人分)

Ⓐ
- **塩辛** …… 大さじ1
- マヨネーズ …… 大さじ2
- おろしにんにく(チューブ) …… 6cm
- こしょう …… 少々

アスパラガス(レンジで1分) …… 4本
ヤングコーン(水煮・ハサミで切る) …… 4本

作り方

Ⓐを混ぜ、器に野菜と盛る。

ハサミ

レンチンで!

材料費

さっぱり、彩りのよいお酒のアテに

キャベツのしょうが浅漬け

準備 40秒

材料(2~3人分)

キャベツ(食べやすくちぎる) …… 2枚
紅しょうが …… 大さじ1
白だし …… 大さじ1

作り方

器にすべての材料を入れ、よく混ぜる。

手だけ!

材料費

飲む人も飲まない人もおいしい!

はんぺんのねぎごま和え

材料(2~3人分)

はんぺん
(一口大にちぎる)
…… 2枚
刻みねぎ(パック)
…… 大さじ4
ごま、めんつゆ(2倍濃縮)
…… 各大さじ1

作り方

器にすべての材料を入れ、よく混ぜる。

ハサミ　材料費 168円

つまみたくなる華やかな一品

かまぼこ梅しそサンド

材料(6個分)

かまぼこ
(ハサミで6枚に切る)
…… 1/2本
しそ(半分にちぎる)
…… 3枚
梅(チューブ)…… 6cm

作り方

1. かまぼこの真ん中にハサミで切り込みを入れる。 

2. 1にしそ、梅をはさむ。 20秒

COLUMN 2

忙しくてもすぐできる！
ほぼ1分朝ごはん

平日の朝でも手早く作れる、和洋のレシピを紹介します。
袋で作るものは作りおきしておくと、朝時間がさらに有効に！

トマトドレッシングサラダ

作り方（2～3人分）

1 ポリ袋にトマト小1個、塩ふたつまみ、こしょう少々、オリーブオイル大さじ1、酢大さじ1/2を入れて、トマトをつぶすようにもむ。
2 サラダミックス1袋の上に1、好みで粉チーズをかける。

卵マヨサンド

作り方（2～3人分）

1 フライパンにオリーブオイル大さじ1、卵3個、塩・こしょう各少々、牛乳大さじ2を入れて炒り卵を作る。
2 好みのパンにレタス、マヨネーズ、1をはさむ。

袋に入れるだけのかんたん！和朝食

キャベツとハムの浅漬けサラダ

作り方（2〜3人分）

保存袋にカットキャベツ1袋、ハム4枚（ハサミで切る）、白だし・酢・オリーブオイル各大さじ1を入れてよく混ぜる。

40秒

しらす青海苔ごはん

作り方（2〜3人分）

保存袋にご飯大盛り2杯、しらす大さじ4、青海苔大さじ1、めんつゆ（2倍濃縮）大さじ1を入れて混ぜる。

40秒

ご飯もパンもないときはコレ!!

ずぼらコーンスープ

作り方（1人分）

器にコーン1/2缶、スプラウト1/2パック、コンソメ（顆粒）小さじ1、オリーブオイル小さじ1/2、塩・こしょう各少々をそれぞれ入れ、熱湯を150ml注ぐ。

40秒

じゃがいも レトルト ミートソース

作り方（2～3人分）

1 耐熱皿にじゃがいも3個を入れ、レンジ（600W）で6分加熱する。

放置!

2 鍋に湯を沸かし、レトルトミートソースを表示分数ゆでる（コーンスープ用に湯を取っておく）。

放置!

3 1にバター20g、塩・こしょう各少々を入れ、スプーンでつぶす。

30秒

4 3に2をにかける。

10秒

PART 3

ボタン押すだけ!

魔法の炊飯器レシピ

ご飯を炊くのに毎日欠かせない炊飯器。
ただ、白ご飯だけではもったいない……!
新しい炊き込みごはん、そして本格おかずもお任せ!
炊飯器をもっと使いこなしてみませんか?

［アイコンマークの読み方］

調理方法

ハサミ　手だけ!

加熱方法

レンチンで!

フライパンで!

トースターで!

炊飯器で!

保存と材料費の目安

冷凍OK!

2~3
週間

材料費

*材料費は、都内スーパーを基準に算出しています（2019年6月現在）。価格変動がありますので、およその目安としてご覧ください。

時間を味方につける

魔法の炊飯器レシピ ここがスゴい!!

炊飯器は多くの家庭にあるのに、
「使いきれていないかも!?」とmakoさん。
ボタンを押すだけで、ワンプレートごはんや
本格おかずがほったらかしで作れます!

炊飯器のいいところ その1

ボタン押したら何もしなくていい

子育て中の忙しいお母さんたちから、「料理に手間をかけられない」というたくさんの声を聞きます。家事の合間でもほったらかしできる最大の助っ人＝炊飯器！　セットしてボタンを押したら、ごはん作りから解放されます。

炊飯器のいいところ その2

まるごとでも火がよく通る！

玉ねぎやにんじん、じゃがいもなどは、皮むきだけしてまるごと一緒に炊いてしまいます。炊飯器ならじっくり火が通るので、しゃもじでよそうときに具が切れるのがうれしいポイント。かたまり肉は、炊けたらハサミで切り分けて。

炊飯器のいいところ その3

ワンプレートの具だくさんメニュー

肉や野菜をゴロゴロ入れた、“超具だくさん”な［ワンプレごはん］。お店のような、手の込んだ本格的なごちそうができる［ほったらかしおかず］。1品しか作れなくても家族から大好評間違いなしの炊飯器レシピです！

［ワンプレごはん］の
「豚肉のBBQライス」 P.103

［ほったらかしおかず］の
「鶏むね肉ときのこのクリーム煮」 P.113

トマトとご飯が意外によく合う!

トマト&ベーコンの炊き込みごはん

材料(2〜3人分)

トマト……小2個
ベーコン(厚切りタイプ)……1袋(160g)
アスパラガス(皮をむいて半分に切る)……4本

A
米……2合
コンソメ(顆粒)、塩、オリーブオイル……各小さじ1
こしょう……少々

作り方

1 炊飯ジャーにAを入れ、2合の線まで水(分量外)を注いで混ぜる。 30秒
2 具材を上にのせ、[普通モード]で炊く。 放置!

準備 30秒

ハサミ
炊飯器で!
冷凍OK! 2〜3週間
材料費 594円

ポトフのおいしさを追究した新定番

ポトフごはん

材料(2〜3人分)

ベーコン(厚切りタイプ)
…… 1袋(160g)
じゃがいも …… 小2個
にんじん(皮をむく)
…… 小1本
玉ねぎ(皮をむく)
…… 小1個

A
米 …… 2合
コンソメ(顆粒) …… 大さじ2
塩、こしょう …… 各少々

作り方

1. 炊飯ジャーにAを入れ、2合の線まで水(分量外)を注いで混ぜる。 30秒
2. 具材を上にのせ、[普通モード]で炊く。 放置!

ずぼらPoint

マヨネーズ大さじ1+好みのドレッシング大さじ1を混ぜ、根菜につけて食べるのもおすすめ!

一皿で大満足！ タイごはんが身近に

ずぼらカオマンガイ

材料（2〜3人分）

鶏もも肉……1枚
いんげん（半分に切る）……10本
A
- 米……2合
- 鶏がらスープの素……大さじ1
- おろししょうが（チューブ）……6cm
- しょうゆ……大さじ1

準備 40秒

作り方

1. 炊飯ジャーにAを入れ、2合の線まで水（分量外）を注いで混ぜる。 30秒
2. 具材を上にのせ、［普通モード］で炊く。 放置！
3. 鶏肉を切って、器に盛る。 10秒

ずぼらPoint

しょうゆ・酢・オイスターソース各小さじ1＋刻みねぎ大さじ1をたれにしてかけると本格的！

ハサミ　炊飯器で！

冷凍OK！ 2〜3週間　材料費 458円

手だけ! 炊飯器で! 冷凍OK! 材料費

2~3週間 398円

みんながときめく、カラフルなプレートに

かんたんチキンライス

材料（2～3人分）

鶏もも肉（唐揚げ用）
…… 200g
ミックスベジタブル
…… 大さじ8

Ⓐ
- 米 …… 2合
- ケチャップ …… 大さじ3
- 顆粒コンソメ …… 大さじ1
- トマトジュース …… 100ml

作り方

1 炊飯ジャーにⒶを入れ、2合の線まで水（分量外）を注いで混ぜる。 30秒

2 具材を上にのせ、［普通モード］で炊く。 放置!

ソースとケチャップ、はちみつのたれで!

豚肉のBBQライス

ハサミ 炊飯器で! 冷凍OK! 材料費

材料（2～3人分）

豚肩ロースかたまり肉
…… 200g
パプリカ（半分に切る）
…… 1個
ズッキーニ（半分に切る）…… 1本

Ⓐ
- 米 …… 2合
- 中濃ソース、ケチャップ …… 各大さじ2
- はちみつ、しょうゆ …… 各大さじ1
- おろしにんにく（チューブ）…… 3cm

作り方

1 炊飯ジャーにⒶを入れ、2合の線まで水（分量外）を注いで混ぜる。

2 具材を上にのせ、［普通モード］で炊く。

3 豚肉を切って、器に盛る。

手だけ!　炊飯器で!　冷凍OK! 2~3週間　材料費 394円

ナムルがなくても炊飯器で作れちゃう

ビビンパごはん

材料(2~3人分)

牛こま切れ肉……150g
もやしミックス（炒め物用）……1/2袋
A
- 米……2合
- 焼き肉のたれ……大さじ5
- コチュジャン、ごま油……各大さじ1

作り方

1. 炊飯ジャーにAを入れ、2合の線まで水（分量外）を注いで混ぜる。

2. 具材を上にのせ、［普通モード］で炊く。

3. 器に盛り、好みで温玉、コチュジャン、ごまをのせる。

手だけ!　炊飯器で!　冷凍OK! 2~3週間　材料費 370円

体にやさしいお店の味がすぐできる

サムゲタン風炊き込みごはん

材料(2~3人分)

鶏手羽元……４本
キャベツミックス（炒め物用）……1/2袋
ピーナツ……大さじ1
赤唐辛子（種を取る）……１本

A
- 米、もち米……各１合
- おろししょうが、おろしにんにく（チューブ）……各３cm
- 鶏がらスープの素……大さじ1
- しょうゆ……小さじ2
- ごま油……小さじ1

作り方

1 炊飯ジャーにAを入れ、２合の線より少し下まで水（分量外）を注いで混ぜる。　30秒

2 具材を上にのせ、［普通モード］で炊く。

ハサミ

ほっこり&モチモチが大評判!

ゴロゴロ野菜の中華おこわ

材料(2~3人分)

ツナ缶……1缶
たけのこ(水煮)
……1袋(小1個)
にんじん、さつまいも
……各小1本

A
米、もち米……各1合
おろししょうが
(チューブ)……3cm
しょうゆ、
オイスターソース……各大さじ2
酒……大さじ1

作り方

1 炊飯ジャーにⒶを入れ、2合の線より少し下まで水(分量外)を注いで混ぜる。

2 具材を上にのせ、[普通モード]で炊く。

お箸が止まらないおいしさ

豚肉としいたけのおこわ

材料(2~3人分)

豚バラ薄切り肉 …… 150g
しいたけ
…… 6枚(1パック)
しめじ(ほぐす)
…… 1/2袋
A 米、もち米 …… 各1合
A 白だし …… 大さじ3
A しょうゆ …… 大さじ1

作り方

1 炊飯ジャーにAを入れ、2合の線より少し下まで水(分量外)を注いで混ぜる。 30秒

2 具材を上にのせ、[普通モード]で炊く。

ハサミ 炊飯器で! 冷凍OK! 2~3週間 材料費 566円

食材の旨味がお米に広がる

鮭とえのきの炊き込みごはん

材料(2~3人分)

鮭(ハサミで半分に切る)
…… 2切れ
えのき(縦半分に割る)
…… 1袋
しめじ(ほぐす) …… 1/2袋
A 米 …… 2合
A めんつゆ(2倍濃縮) …… 大さじ4
A 塩 …… 少々

作り方

1 炊飯ジャーにAを入れ、2合の線まで水(分量外)を注いで混ぜる。

2 具材を上にのせ、[普通モード]で炊く。

予想外のビジュアルに歓声が上がる!

おでんごはん

材料(2~3人分)

じゃがいも(皮をむく)
…… 小2個
こんにゃく
(三角に切る)
…… 1/2袋
結び昆布
(なければ普通の昆布)
…… 4個
ちくわ …… 4本

A
米 …… 2合
白だし …… 大さじ3
みりん …… 大さじ1
しょうゆ …… 小さじ1

作り方

1 炊飯ジャーにAを入れ、2合の線まで水(分量外)を注いで混ぜる。 30秒

2 具材を上にのせ、[普通モード]で炊く。 放置!

ハサミ 炊飯器で!

材料費 395円

ミルクのやさしい甘みで炊き上げる

ツナミルクライス

材料(2~3人分)

ツナ缶 …… 1缶
コーン缶 …… 1缶
ブロッコリー
(小房に分ける)
…… 1株
バター …… 20g

Ⓐ
米 …… 2合
おろしにんにく(チューブ)
…… 3cm
コンソメ(顆粒) …… 大さじ1
塩、こしょう …… 各少々
牛乳 …… 100ml

作り方

1 炊飯ジャーにⒶを入れ、2合の線まで水(分量外)を注いで混ぜる。 30秒

2 具材を上にのせ、[普通モード]で炊く。

ゴロゴロのジューシーお肉がたまらない

かんたん角煮

材料（2～3人分）

豚バラかたまり肉 …… 260g
長ねぎ（ハサミで5cmに切る）…… 1本
かぶ …… 2個
おろししょうが（チューブ）…… 6cm
酒 …… 大さじ4
砂糖、しょうゆ …… 各大さじ3
オイスターソース …… 大さじ1
水 …… 200ml

作り方

1. 炊飯ジャーにすべての材料を入れる。（30秒）
2. ［普通モード］で炊く。（放置！）
3. 豚肉を切って、器に盛る。

ずぼらPoint

食材をまるごと入れて炊いたら、取り分けるときにしゃもじやハサミでカット！

手だけ! 

炊飯器で! 

材料費 

心温まる家庭料理をボタンひとつで!

ずぼら肉じゃが

材料（2〜3人分）

牛こま切れ肉 …… 200g
じゃがいも …… 小3個
玉ねぎ（皮をむく） …… 1個
にんじん（皮をむく） …… 1本
いんげん …… 6本
酒 …… 大さじ4
しょうゆ …… 大さじ2
砂糖、みりん、白だし …… 各大さじ1
水 …… 100ml

作り方

1 炊飯ジャーにすべての材料を入れる。 

2 ［普通モード］で炊く。 

トロッと濃厚なごちそうカレー!

お店みたいなポークカレー

材料（2～3人分）

豚肩かたまり肉 …… 200g
かぶ …… 2個
マッシュルーム、
まいたけ
…… 各1パック
バター …… 20g
中濃ソース …… 大さじ1
水 …… 300ml
Ⓐ カレールウ …… 1/2箱（120g）
Ⓐ 生クリーム（なければ牛乳）…… 50ml

作り方

1 炊飯ジャーに、Ⓐ以外のすべての材料を入れる。

2 ［普通モード］で炊く。

3 炊けたらⒶを加え、よく混ぜて溶かす。豚肉を切って、器に盛る。

ハサミ　炊飯器で！　冷凍OK！ 2~3週間　材料費 631円

寒い季節に体温まるごはん

鶏むね肉ときのこのクリーム煮

材料(2~3人分)

鶏むね肉 …… 2枚
エリンギ …… 1パック
えのき(縦半分に割る)
…… 1袋
しめじ(ほぐす)
…… 1/2パック
コンソメ(顆粒) …… 小さじ2
にんにく(チューブ) …… 3cm
塩、こしょう …… 各少々
水 …… 100ml
生クリーム …… 50ml
バター …… 10g

1 炊飯ジャーに、生クリーム以外のすべての材料を入れる。

2 [普通モード]で炊く。

3 炊けたら生クリームを加え、よく混ぜる。鶏肉を切って、器に盛る。

オイル煮でビストロ風メニュー

鶏肉のコンフィ

材料（2〜3人分）

鶏手羽元 …… 6本
トマト …… 2個
ピーマン（種を取る）
…… 3個
パセリ …… 1枝
オリーブオイル
…… 150ml
おろしにんにく（チューブ）
…… 6cm
塩 …… 小さじ1/2
こしょう …… 少々

準備 30秒

作り方

1 炊飯ジャーにすべての材料を入れる。 30秒
2 ［普通モード］で炊く。 放置！

ずぼらPoint
炊けたら、肉をフライパンかトースターで焼くと、見栄えがアップ！

トマトの酸味とやわらかチキンが絶妙

チキンのトマト煮

材料（2～3人分）

鶏もも肉（唐揚げ用）……250g
トマト缶（カット）……1缶
ブロッコリー
（小房に分ける）……1株
パプリカ（赤・黄、4等分に切る）
……合わせて1/2個
バター……10g
コンソメ（顆粒）……大さじ1
おろしにんにく（チューブ）……3cm
こしょう……少々

作り方

1 炊飯ジャーにすべての材料を入れる。 30秒
2 ［普通モード］で炊く。 放置！

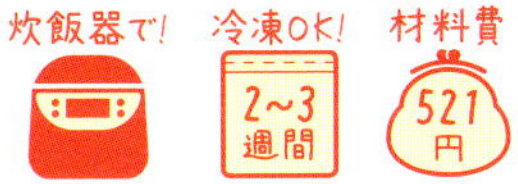

残った野菜とお肉を炊飯器任せ！

チキンの和風みそ煮

材料（2～3人分）

鶏もも肉（4等分に切る）
……300g
じゃがいも……小3個
キャベツ……1/4玉
みそ……大さじ1
めんつゆ（2倍濃縮）
……50ml
水……100ml

作り方

1 炊飯ジャーにすべての材料を入れる。 30秒
2 ［普通モード］で炊く。 放置！

ハサミ　炊飯器で!　材料費 462円

食卓がたちまち映える夢のレシピ

具だくさん茶碗蒸し風

材料（2〜3人分）

卵（溶きほぐす）
…… 4個
ゆでうどん
（水でほぐすタイプ）
…… 1玉
水菜（5cmに切る）
…… 1/2袋
しいたけ（小さく切る）…… 2枚
かまぼこ（1cm幅に切る）…… 1/2本
みりん、白だし、しょうゆ …… 各大さじ1
水 …… 200ml

作り方

1 炊飯ジャーにすべての材料を入れて混ぜる。 30秒
2 ［普通モード］で炊く。 放置

準備 30秒

ハサミ

炊飯器で！

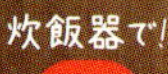

冷凍OK！ 2〜3週間

材料費

チーズのクリーミーなコクが最強!

ずぼらストロガノフ

材料(2~3人分)

牛こま切れ肉 …… 250g
玉ねぎ(皮をむく) …… 1個
マッシュルーム …… 1パック
コンソメ(顆粒) …… 小さじ1
塩、こしょう …… 各少々
水 …… 150ml
A クリームチーズ …… 100g
A 生クリーム …… 50ml

作り方

1. 炊飯ジャーにA以外の材料を入れる。（30秒）
2. ［普通モード］で炊く。（放置!）
3. 炊けたらAを加え、よく混ぜて溶かす。玉ねぎを切って、器に盛る。（20秒）

準備
30
秒

あさりから出るだしがおいしい

スンドゥブチゲ

材料(2～3人分)

豚こま切れ肉 …… 100g
あさり
(砂抜きしておく)
…… 12粒
豆腐(大きくくずす)
…… 小1パック(150g)
ズッキーニ(5㎝に切る)
…… 1本
えのき(ほぐす) …… 1袋
キムチ …… 100g
みそ、コチュジャン、ごま油 …… 各大さじ1
水 …… 300ml

作り方

1 炊飯ジャーにすべての材料を入れる。 30秒

2 [普通モード]で炊く。

ハサミ

炊飯器で!

冷凍OK!

材料費

丁寧なおかずも驚くほどかんたん!

豚の中華煮

材料(2~3人分)

豚こま切れ肉 …… 250g
たけのこ(水煮・半分に切る)
…… 1袋(小1個)
しいたけ
…… 1パック(6枚)
にんじん(皮をむく)
…… 1本
おろししょうが(チューブ) …… 3cm
オイスターソース、
みりん、しょうゆ、ごま油 …… 各大さじ1
水 …… 200ml

作り方

1 炊飯ジャーにすべての材料を入れる。 30秒

2 [普通モード]で炊く。

もむだけの

1分スイーツ

おまけ

バナナシャーベット

材料(2～3人分)

バナナ(皮をむく)…… 3本
ホイップクリーム、
チョコソース …… 適宜

作り方

1 冷凍保存袋にバナナを入れてもむ。 40秒
2 冷凍庫で2時間ほど冷やす。 放置!
3 凍ったらもみほぐし、器に盛る。好みでクリームやチョコソースをかける。 20秒

混ぜたら冷凍庫で冷やしたり、
トースターに入れるだけで完成!
準備たった60秒で笑顔になる、
おうちで作りたいかんたん5品です。

トマトシャーベット

材料(2~3人分)

トマト …… 中2個
はちみつ …… 大さじ3
レモン汁 …… 小さじ1

作り方

1 冷凍保存袋にすべての材料を入れてもむ。 40秒
2 冷凍庫で2時間ほど冷やす。 放置!
3 凍ったらもみほぐし、器に盛る。

生クリームスコーン

材料(2〜3人分)

ホットケーキミックス …… 150g
生クリーム …… 大さじ5

作り方

1 保存袋にすべての材料を入れてもむ。 30秒
2 生地がまとまったら、天板に6等分に置く。 20秒
3 200℃のオーブンで、20分ほど焼く。 放置!

＊トースターの場合は7分ほど焼き、焦げないようにアルミホイルで覆い、さらに10分ほど焼く。

ブルーベリースコーン

材料(2〜3人分)

A ホットケーキミックス …… 150g
A 生クリーム …… 大さじ6
ブルーベリー(冷凍) …… 大さじ4

作り方

1 保存袋にⒶを入れてもむ。 30秒
2 生地がまとまったら、ブルーベリーを加えてざっくり混ぜる。 30秒
3 天板に6等分に置く。200℃のオーブンで、20分ほど焼く。 放置!

＊トースターの場合は7分ほど焼き、焦げないようにアルミホイルで覆い、さらに10分ほど焼く。

＊ブルーベリーで生地が青くなることがありますが、問題ありません。

クリームチーズアイス

材料(2〜3人分)

クリームチーズ …… 200g
ヨーグルト(無糖) …… 100g
砂糖 …… 大さじ3

作り方

1 冷凍保存袋にすべての材料を入れてもむ。

2 冷凍庫で2時間ほど冷やす。

3 凍ったらもみほぐし、器に盛る。

[納豆]
かんたん納豆そば …… 57
納豆キムチスープ …… 64
レ にらの納豆和え …… 81

野 菜

[トマト・トマト缶]
かんたん冷やし中華 …… 55
あさりトマト冷麺 …… 58
トマトとツナのしそサラダ …… 68
トマトのねぎ塩だれ …… 69
トマトの塩レモン和え …… 69
トマトドレッシングサラダ …… 94
炊 トマト&ベーコンの炊き込みごはん …… 100
炊 鶏肉のコンフィ …… 114
炊 チキンのトマト煮 …… 115
トマトシャーベット …… 121

[きゅうり]
たたき中華きゅうり …… 70
きゅうりのからし漬け …… 71
だし風やっこ …… 86

[レタス]
レタスの塩昆布和え …… 72
レタスの海苔サラダ …… 73
フ レタスのにんにく炒め …… 73

[もやし]
フ ツナ缶ともやしのオイスター炒め …… 33
レ 牛肉のカレー炒め風 …… 47
もやしの青海苔和え …… 74
フ もやしの塩しょうが炒め …… 75
もやしのピリ辛ナムル …… 75

[にら]
フ 牛肉のにら炒め …… 47
レ 鮭のスタミナだれ …… 49
あっさりカレーうどん …… 54
豚にらラーメン …… 56
シーフード焼きそば …… 60
にらとツナの豆乳スープ …… 66
レ かんたんにらキムチ …… 80
レ にらの納豆和え …… 81

[キャベツ]
コンビーフマヨサラダ …… 88
キャベツのしょうが浅漬け …… 91
キャベツとハムの浅漬けサラダ …… 95
炊 チキンの和風みそ煮 …… 115

[いんげん]
ト ツナ缶といんげんのカレーグラタン …… 32
炊 ずぼらカオマンガイ …… 102
炊 ずぼら肉じゃが …… 111

[ズッキーニ]
炊 豚肉のBBQライス …… 113
炊 お店みたいなポークカレー …… 112
炊 スンドゥブチゲ …… 118

[ブロッコリー]
炊 ツナミルクライス …… 109
炊 チキンのトマト煮 …… 115

[アスパラガス]
炊 トマト&ベーコンの炊き込みごはん …… 100

[ピーマン・パプリカ]
炊 豚肉のBBQライス …… 103
炊 鶏肉のコンフィ …… 114

[玉ねぎ]
炊 ポトフごはん …… 101
炊 ずぼら肉じゃが …… 111
炊 ずぼらストロガノフ …… 117

[にんじん]
炊 ポトフごはん …… 101
炊 ゴロゴロ野菜の中華おこわ …… 106
炊 ずぼら肉じゃが …… 111
炊 豚の中華煮 …… 119

[じゃがいも]
じゃがいもレトルトミートソース …… 96
炊 ポトフごはん …… 101
炊 おでんごはん …… 108
炊 ずぼら肉じゃが …… 111
炊 チキンの和風みそ煮 …… 115

[さつまいも]
炊 ゴロゴロ野菜の中華おこわ …… 106

[長いも]
長いものおかか和え …… 82
長いものなめたけ和え …… 83

[かぶ]
炊 かんたん角煮 …… 110
炊 お店みたいなポークカレー …… 112

[ねぎ・刻みねぎ・青ねぎ]
レ マーボーサバ缶 …… 29
レ ゆで豚のゆずこしょう和え …… 44
とろろ梅うどん …… 55
かんたん納豆そば …… 57
海苔スープ …… 62
めかぶ卵スープ …… 65
トマトのねぎ塩だれ …… 69
たたき中華きゅうり …… 70
たぬきやっこ …… 85
だし風やっこ …… 86
和風梅チーズ …… 89
ト ヘルシー油揚げピザ …… 90
はんぺんのねぎごま和え …… 92
炊 かんたん角煮 …… 110

[しそ]
レ ゆで豚の梅しそ和え …… 45
あさりトマト冷麺 …… 58
トマトとツナのしそサラダ …… 68
だし風やっこ …… 86
かまぼこ梅しそサンド …… 93

[三つ葉]
レ サンマ缶の卵とじ …… 33
お麩スープ …… 63

[バジル]
フ 牛肉のバジル炒め …… 46

[スプラウト・貝割れ菜・豆苗]
レ シーフードミックスの中華あん …… 48
かんたん冷やし中華 …… 55
スプラウトのたらこ和え …… 76
スプラウトとカニかまのサラダ …… 77
レ スプラウトの煮浸し …… 77
なめたけやっこ …… 87
ずぼらコーンスープ …… 96

[たけのこ]
炊 ゴロゴロ野菜の中華おこわ …… 106
炊 豚の中華煮 …… 119

[コーン缶]
ト サンマ缶のコーンマヨ焼き …… 34
かんたん冷やし中華 …… 55
冷製スープパスタ風 …… 59
ずぼらコーンスープ …… 96
炊 ツナミルクライス …… 109

[ヤングコーン]
ヤングコーンスープ …… 65

[ミックス野菜]
レ サバみそ缶のホイコーロー風 …… 30
豚しょうゆ焼うどん …… 61
炊 ビビンパごはん …… 104
炊 サムゲタン風炊き込みごはん …… 105

[キムチ]
納豆キムチスープ …… 64
レ かんたんにらキムチ …… 80
炊 スンドゥブチゲ …… 118

[きのこ]
レ サバ缶のかんたんカレー …… 28
フ まるごと1分ハンバーグ …… 36
レ しいたけのごまみそ炒め風 …… 78
レ しいたけのうま煮 …… 79
レ きのこ豆腐 …… 87
炊 豚肉としいたけのおこわ …… 107
炊 鮭とえのきの炊き込みごはん …… 107
炊 お店みたいなポークカレー …… 112
炊 鶏むね肉ときのこのクリーム煮 …… 113
炊 具だくさん茶碗蒸し …… 116
炊 ずぼらストロガノフ …… 117
炊 スンドゥブチゲ …… 118
炊 豚の中華煮 …… 119

[なめたけ]
豚となめたけのぶっかけうどん …… 52
長いものなめたけ和え …… 83
なめたけやっこ …… 87

食材別インデックス

レ レンジ調理　ト トースター調理
フ フライパン調理　炊 炊飯器調理

好きな食材や、冷蔵庫に余っているもので
レシピを選ぶときにお使いください。

肉・加工品

[鶏もも肉]
ト 鶏もも肉のガイヤーン風 …… 40
炊 ずぼらカオマンガイ …… 102
炊 かんたんチキンライス …… 103
炊 チキンのトマト煮 …… 115
炊 チキンの和風みそ煮 …… 115

[鶏むね肉]
レ 鶏むねのオイスターマヨ …… 41
レ 鶏むねの甘辛しょうがだれ …… 42
炊 鶏むね肉ときのこのクリーム煮 …… 113

[鶏手羽元]
炊 サムゲタン風炊き込みごはん …… 105
炊 鶏肉のコンフィ …… 114

[豚肉]
フ 豚肉の1分しょうが焼き …… 42
フ 豚肉の塩昆布炒め …… 43
レ ゆで豚のゆずこしょう和え …… 44
レ ゆで豚の梅しそ和え …… 45
豚となめたけのぶっかけうどん …… 52
豚にらラーメン …… 56
豚しょうゆ焼きうどん …… 61
炊 豚肉のBBQライス …… 103
炊 豚肉としいたけのおこわ …… 107
炊 かんたん角煮 …… 110
炊 お店みたいなポークカレー …… 112
炊 スンドゥブチゲ …… 118
炊 豚の中華煮 …… 119

[牛肉]
フ 牛肉のバジル炒め …… 46
フ 牛肉のにら炒め …… 47
レ 牛肉のカレー炒め風 …… 47
炊 ビビンバごはん …… 104
炊 ずぼら肉じゃが …… 111
炊 ずぼらストロガノフ …… 117

[ひき肉]
フ まるごと1分ハンバーグ …… 36
レ 豚ねぎつくね …… 37
フ 鶏ひき肉のガーリックそぼろ …… 38
フ 鶏ひき肉のミートソース風 …… 39

[ベーコン・ハム・肉加工品]
フ コンビーフオムレツ …… 35
かんたん冷やし中華 …… 55
とろろ梅うどん …… 55
ずぼらカルボナーラ …… 59
冷製スープパスタ風 …… 59
コンビーフマヨサラダ …… 88
キャベツとハムの浅漬けサラダ …… 95
炊 トマト&ベーコンの炊き込みごはん …… 100
炊 ポトフごはん …… 101

魚介

[サバ缶・ツナ缶・魚介缶]
レ サバ缶のかんたんカレー …… 28
レ マーボーサバ缶 …… 29
レ サバみそ缶のホイコーロー風 …… 30
レ サバみそ缶のケチャップ炒め風 …… 31
ト ツナ缶といんげんのカレーグラタン …… 32
フ ツナ缶ともやしのオイスター炒め …… 33
レ サンマ缶の卵とじ …… 33
ト サンマ缶のコーンマヨ焼き …… 34
ツナレモンうどん …… 53
あっさりカレーうどん …… 54
あさりトマト冷麺 …… 58
にらとツナの豆乳スープ …… 66
トマトとツナのしそサラダ …… 68
炊 ゴロゴロ野菜の中華おこわ …… 106
炊 ツナミルクライス …… 109

[切り身魚]
レ 鮭のスタミナだれ …… 49
ト 白身魚のごま焼き …… 50
レ 白身魚の梅煮 …… 51
ト 鮭の海苔マヨ和え …… 51
炊 鮭とえのきの炊き込みごはん …… 107

[シーフードミックス]
レ シーフードミックスの中華あん …… 48
シーフード焼きそば …… 60

[あさり]
炊 スンドゥブチゲ …… 118

[海苔・青海苔・わかめ・めかぶ]
ト 鮭の海苔マヨ和え …… 51
海苔スープ …… 62
わかめ梅スープ …… 63
めかぶ卵スープ …… 65
レタスの海苔サラダ …… 73
もやしの青海苔和え …… 74
レ くずしあんかけ豆腐 …… 84

[魚介加工品]
スプラウトのたらこ和え …… 76
スプラウトとカニかまのサラダ …… 77
塩辛ディップ …… 91
はんぺんのねぎごま和え …… 92
かまぼこ梅しそサンド …… 93
しらす青海苔ごはん …… 95
炊 おでんごはん …… 108
炊 具だくさん茶碗蒸し …… 116

乳製品

[バター]
炊 ツナミルクライス …… 109
炊 お店みたいなポークカレー …… 112
炊 チキンのトマト煮 …… 115
炊 ずぼらストロガノフ …… 117

[生クリーム]
ト ツナ缶といんげんのカレーグラタン …… 32
炊 お店みたいなポークカレー …… 112
炊 鶏むね肉ときのこのクリーム煮 …… 113
炊 ずぼらストロガノフ …… 117
ト 生クリームスコーン …… 122
ト ブルーベリースコーン …… 123

[ピザ用チーズ・クリームチーズ]
ト ツナ缶といんげんのカレーグラタン …… 32
和風梅チーズ …… 89
ガーリックチーズ …… 89
ト ヘルシー油揚げピザ …… 90
炊 ずぼらストロガノフ …… 117
クリームチーズアイス …… 123

卵・大豆加工品

[卵]
レ サンマ缶の卵とじ …… 33
フ コンビーフオムレツ …… 35
フ まるごとハンバーグ …… 36
レ 豚ねぎつくね …… 37
かんたん納豆そば …… 57
ずぼらカルボナーラ …… 59
めかぶ卵スープ …… 65
卵マヨサンド …… 94
炊 具だくさん茶碗蒸し …… 116

[豆腐]
レ くずしあんかけ豆腐 …… 84
たぬきやっこ …… 85
だし風やっこ …… 86
レ きのこ豆腐 …… 87
なめたけやっこ …… 87
炊 スンドゥブチゲ …… 118

[大豆・油揚げ]
レ サバみそ缶のケチャップ炒め風 …… 31
レ スプラウトの煮浸し …… 77
ト ヘルシー油揚げピザ …… 90

60秒だけでできるんです！

私のレシピは、時短&簡単に作れるレシピが多いです。
フードコーディネーターの仕事をする前は、保育園で栄養士をしていたのですが、忙しい保護者の方々の声をたくさん聞いていました。

「忙しくて料理を手作りできなかった時は、なんだか心が重い」
「簡単なものでも、自分で作れた日は心が楽になる！」
「短時間でおいしいおかずが作れると、本当に助かる」

忙しくて、家族にきちんとお料理を作ってあげられないことに悩まれている方がとても多かったのです。そんな現状を知り、微力ながら、悩まれている方々の力になりたいと思い、誰でもかんたんにおいしく作れるレシピを日々研究するようになりました。

この『ずぼら1分ごはん』は、そんな風に悩まれている方にぴったりの、本当に手間がかからないものばかりを集めました。

60秒の作業で、放り込むだけ、混ぜるだけ……。料理のいろいろな「めんどう」をかけずに、誰でもおいしく作れます！

忙しいお母さんはもちろん、ひとり暮らしの学生さん、単身赴任のお父さんなど、幅広い世代の方に使っていただける本です。びっくりするほどかんたんなので、まずは気軽に一度挑戦していただけると嬉しいです。

mako

mako

アイデア料理研究家。フードクリエイター。栄養士とフードコーディネーターの資格を持つ。3時間で30品つくりおきを完成させる"超速ワザ"が注目され、TV番組「ヒルナンデス！」(日本テレビ系) 等に出演。
学生時代はレストラン、お弁当屋、居酒屋のキッチンで働き、社会人になってからは栄養士、フードコーディネーター、料理専門の家政婦など食に関わるさまざまな仕事を経験。料理のアイデアを考えるのが得意で、自身の経験と組み合わせ、誰でもおいしく作れるレシピを提案している。食べることが大好きで、日本各地や世界各国で食べ歩きも欠かさない。
著書に『家政婦makoのずぼら冷凍レシピ』(マガジンハウス) などがある。

公式WEBサイト

http://www.makofoods.com
Instagram @makofoods
Twitter @makofoods
YouTube https://www.youtube.com/c/makofoods

世界一早い！
家政婦makoの
ずぼら1分ごはん

2019年7月25日 第1刷発行

著者 mako
発行者 鉄尾周一
発行所 株式会社マガジンハウス
〒104-8003
東京都中央区銀座 3-13-10
書籍編集部 ☎03-3545-7030
受注センター ☎049-275-1811
印刷・製本 株式会社千代田プリントメディア

ISBN978-4-8387-3064-3 C0077

撮影 中島慶子(マガジンハウス)
スタイリング 大関涼子
デザイン 河南祐介、塚本望来(FANTAGRAPH)
イラスト こいしゆうか
制作協力 中根勇
撮影協力 ザ・クックウェア・カンパニー・ジャパン株式会社
UTUWA

マガジンハウスのホームページ
http://magazineworld.jp/